商周金文選

曹錦炎 編

西泠印社出版社

出版説明

一、本書是商周時代青銅器銘文的選本，年代下限斷至秦統一以前，共收入拓片二百六十六件。

二、本書按年代、地域編次，即商代晚期，西周早（武王至昭王）、中（穆王至夷王）、晚（厲王至幽王）期，東周（春秋戰國）時期則按地域（江淮、齊魯、三晉、關中）分國別排列。

三、為方便讀者，對銘文作了釋文。通假字和異體字用括弧注出，缺字用方框表示（能補者予以填入），不識之字除個別存原篆外，均作隸定，一般古今字及重文、合文不再標明。

四、本書採用器銘，除少數公私藏拓外，主要引自下列著錄：

《兩周金文辭大系圖錄考釋》　郭沫若編

《三代吉金文存》　羅振玉編

《商周金文錄遺》　于省吾編

《陝西出土商周青銅器》　陝西省考古研究所等編

《金文總集》　嚴一萍編

《殷周金文集成》　中國社會科學院考古研究所編

《商周青銅器銘文選》　上海博物館編

《文物》、《考古》等雜誌

五、為便于制版，部分拓片作了縮放處理。

編者

論金文書法的風格構成與歷史發展（代序）

陳振濂

我國在殷商時期已進入青銅時代，到了兩周，青銅器更是蔚為大觀。宋代學者對青銅器的研究就十分發達。這種研究一般偏重於兩個方面：一是銘文的考釋，二是圖像的著錄。這一學術傳統一直延續到近世而不稍衰。晚近如吳大澂、王國維、羅振玉等著錄了大量的鐘鼎彝器，對於銘文的考釋研究也有超越前賢的成就。特別是郭沫若，以銘文研究來證史，對於學術界可謂是一大貢獻。容庚的《商周彝器通考》，作為綜論性的著作，涉及青銅器的制作、類別、圖紋、鑄造技術、著錄鑒定、銘文考釋等等，對青銅器研究可謂作了一個概要的疏浚，在學術界也廣為稱道。

銘文考釋以證史辨字，是考古、文字、歷史學的內容。在對它作學術研究的同時，恐怕許多人都會感受到，其間存在着一種美，就是金文（指鑄或刻在青銅器上的銘文）的美。這即是說，我們可以從兩個方面去審視金文的涵義：一是從考古歷史角度或文字學角度，發掘它的學術價值；另一方面，可以從美學欣賞角度發現，把握它的藝術價值。儘管每一本金文著錄中的每一件拓片，事實上已經包含了美的存在，即可供人欣賞，但有意把一部金文拓片的集子從書法藝術的角度出發來加以編輯，卻還無前例。也許，古文字學界或考古學界的編輯是重在它的歷史分期，時代以及文字考釋；而書法界的編輯卻重在它的形式，風格與空間觀念的演變序列和線條變化的嬗遞痕蹟。兩者使用的可能是相同的資料，但賦予的含義卻是截然不同的。

曹錦炎兄編著的這本書，就側重於後一種。他是著名學者于省吾教授的入室弟子，攻讀古文字專業，獲碩士學位，又長期在浙江省博物館擔任重要工作。他的古文字學功底，保證了本書在歷史的、考古的或文字方面所起的確切的作用——本書按年代，國別排列，又加以釋文，並一一列出通假字、異體字的做法，即是明證。令人振奮的還在於，他在編輯此書時着意考慮了書法的藝術。

他曾告訴我：他希望把此書編成一部金文書法史圖錄，以風格、形式的多樣化取勝。為此，他曾在資料的選擇上着實下了一番功夫，為保持金文發展的全貌，不但廣收近年來新見的金文拓片，即使是一些花體雜篆如《蔡侯盤》、《王子午鼎》等，也酌收一二；而對於常見的如《散氏盤》、《克鼎》、《毛公鼎》等，卻不多加篇幅，收錄一些，祇是為見風格演變的脈絡。因此，對於一般讀者甚至稍為內行的金文書法愛好者而言，本書的價值，除了作為臨習範本與欣賞圖錄之外，還可以改變我們腦子中已經習慣了的金文模式——一提金文，以為總是祇有《散氏盤》、《盂鼎》、《毛公鼎》、《克鼎》幾種類型，最多再加上一些殳書而已。事實上，這些祇是西周一個系金文風格的典範，金文書法類型還有很多，特別是戰國時期金文在風格上的變遷，無論是其跨度之大還是體式之豐富，絕不會亞於秦篆漢隸甚至唐楷宋行。問題祇是在過去，我們常常跟着幾個名家的宣傳口味轉，以為金文不過是這麼幾種簡單的格式。這是眼界不開的緣故。本書的功用之一，正是幫助我們打開了眼界：看看在金文王國之中，究竟包含着多少藝術風格的因子，它可以對我們的書法創作在形式上、藝術語彙上提供什麼樣的有益啟示。

從書法的角度去看青銅器銘文，大致可分為幾種不同的類別（似乎也可以叫流派）。由於金文的美大都是一種不自覺的美，因此它受書寫、制作者主觀支配的痕蹟較少，受時代、地域的環境支配的成份卻較多。所謂的時代，是指商代甲骨文出現的同時就有了金文，兩者幾乎同步，但甲骨文並沒有大發展，金文卻走向昌盛；所謂的地域，是指商代甲骨文的出土到目前為止，還僅限於河南安陽殷墟一帶，西周甲骨文也只出土在陝西周原遺址等少數幾個地方，而商周青銅器出土卻遍及黃河、長江兩大流域的各省。這證明了金文所處的區域更博大，在風格上更易拉開距離。當然，歷史也證明青銅時代的文化和政治一定有過一個真正革故鼎新的大發展、大繁榮局面。

與重視咒術與鬼神、比較迷信祖先靈魂的殷人相比而言，西周人已經開始崇尚禮節和具備較高的政治、文化意識了，這正是文化在更大範圍內汲收、衝撞、揚棄之後的『進化』結果。這個『進化』需要漫長的歷史進程。許多金文在造型、刻鑄上與甲骨文並無太大區別，明顯地表現出承傳的性格特徵。不過，殷代金文成文章的較少，而以所謂圖騰、族徽文字（它接近於圖像）單個排列或加以組合的情況卻非常多；亞字形的金文格式和殷代兵器上的刻紋，似圖似文，處於兩可之間；大凡人形、動物、兵器、家室、舟車、器具等，皆能成為圖像文字的基因。它的實際內容，恐怕是象徵氏族的標幟或人名，以為祭祀之用。各部落都有自己的祭器，於是競相爭艷，使我們現在也能看到它們不同的風格。待到殷代後期，文字開始從一般族氏銘文的格式中擺脫出來，於是又有了較正規的金文格調。如《戍甬鼎》、《小臣缶鼎》上的文字造型質樸自然，還有不少圖形或其殘痕，排列漸趨穩定。一個通常的慣例是：它們均不太長，三四十字的篇幅已是洋洋灑灑的長篇大論了。

如果說商代甲骨文令人想起酋長與巫師的神秘權力，那麼，兩周金文則給人以一種禮儀的莊重尊嚴感。西周初年的金文，基本上等同於殷代的格調，圖形文字仍然不少，一般的金文也是渾凝厚重，一絲不苟。這可從《矢令簋》、《德方鼎》那樣的穩重與嚴整中，窺出大致的格式。而文字則開始走向長篇大作：成王時代的《令彝》有一百八十七字，康王時代的《大盂鼎》有二百九十一字；後期的宣王時代的《毛公鼎》，更長達四百九十七字。氣勢雄偉，體式博大，金文的典型格局基本形成。這顯然是金文書法的第一個高峰。按時代分期，可以周武王、成王、康王、昭王為前期；穆王、恭王、懿王、孝王、夷王為中期；厲王、宣王、幽王為後期。前期是金文書法的鼎盛時期，最能體現出周人的理性與強大的精神力量，筆畫粗重，風格偉岸，氣息也十分自然，最具有書法韻味。至中期以後，在行列上開始橫豎成格，排列整齊；字的大小難以隨意，穿插更不自由，雖則理性成分益濃，但畢竟太趨於一律，對金文書法是一大損失。不過由於行列的限制，在文字造型上反而強化了表現力，因而在恭王、懿王和宣王時代的金文中，還是具有輕松的格調。我們通常把西周前期的《大盂鼎》和後期的《克鼎》，視為當時銘文的最成功的代表作，在書法風格史上最具有價值。

時代分期對東周時代的金文來說，顯然有為難之感。能考出年代的東周青銅器祇占總數千餘件的極小部分。許多學者鑒於東周（春秋、戰國）的社會情況，從功用上、地域上對東周金文進行整理。一般的分期有：以平王東遷（公元前七七〇年）到城濮之戰（公元前六三二年）為東周前期，以城濮之戰到戰國初年（公元前四〇三年）為東周中期，以戰國初年到秦滅六國為東周後期。前期向被稱為金文的黑暗時代，在考古學上也是一大盲點。如容庚所著《商周彝器通考》，以東周六十六件器皿加以編年，中期收了三十一件，前期一件也沒有。即使綜合金文學家們的共同成果，前期的可靠的青銅器為數甚少。由於年代歸屬不清，所以對劃定風格屬類和地域、國別屬類也帶來困難。

東周中期正是諸侯爭霸的時代，王室衰微，列國爭戰兼併，而每一小邦國的獨立意識（不傾向於中央的周天子）明顯增加，青銅器的神聖感也蕩然無存，不但諸侯、卿大夫可以『問鼎』，為了自用、奉賞、奢侈甚至嫁奩等目的，還可以私鑄銅器。這必然導致青銅器在制作上的多樣化與個性化。以列國地域的不同，這時期金文可以分為四種風格類型。第一類是中原型，金文保持了西周較濃鬱的渾博寬厚的風格，而較少裝飾意趣。第二類是江淮型，以精巧、纖細、流媚的風格見長，最具有春秋戰國以來新體的面貌。這兩種類型構成明顯的對比，分別代表了中原文化與楚文化（包括吳、越文化）這兩個極端。第三類是齊魯型，介於中原型與江淮型之間。最後則是秦型，它最接近《說文》中的籀文體式與石鼓文，屬於西陲的一種獨特格局，較少同六國的金文交流。典型的如東周中期的《秦公簋》，簡直與秦詔版、秦權量如出一轍。當然，這四種類型中也有交叉，比如應屬秦型的晉國也有中原型的金文；屬於中原型的蔡國也有江淮型的金文。至於蘇、莒等小國，實在很難確定類型的歸屬，此處只是就大的趨向而言。

研究東周中後期金文書法風格的變遷，是一個饒有興味的課題。即使是比較西周與東周、殷與周之間大的歷史分期的差異，也沒有研究這一時期顯得重要——我們甚至不妨說，研究春秋戰國金文風格是整個金文書法研究的關鍵。

從殷代的所謂圖騰、族徽標幟到西周的文字，我們看到的是伴隨青銅器制作過程而產生的對文字的要求，從畫到書（從具象到抽象），是文字便利於應用的一個基本標準。儘管我們可以說它對書法的美學性格功績非凡，但在當時這祇是簡單的文字需要，如此而已。而從三、五刻劃到動輒數百字的篇幅，儘管在章法上、字形交叉上為書法帶來了令人振奮的前景，但它的原意也還是為了記錄日趨豐富的西周人的思想，是交流（應用）的需要而不是藝術的需要。中國的文字走向方塊而沒有走向標音化，是歷史的必然而不是藝術家的鼎力提攜。因此，西周金文有排列整飭的傾向，到了中後期更強調橫豎成列。這樣做的第一個目的是便於閱讀，其次才是美觀整齊。整個西周時期的金文，在線條上已有了豐富的變化，線與線的交叉往往用粗筆，線條的一般規律也是兩頭細中間粗，十分厚實強勁，但這衹是鑄造過程中翻模拔蠟的自然痕蹟。倘若有機會看到早期的《我方鼎》和中期的《遹簋》，其線條粗細變化之大迥異於一般金文，這也是製作的緣故而不是藝術處理。在當時，也許衹有一個現象是出於審美的：線條的捺腳和勾腳常常有一裝飾的頓筆露鋒，實用並不需要，卻很美。由此可以看出，西周金文正處在從原始的粗糙走向整飭與精巧的階段，追求自然變化顯然不可能是他們夙夕以求的目標，而能整齊劃一、規行矩步卻是他們所艷羨的。

東周中後期的金文在意識上顯然有異於西周。如上所述，青銅器製作從天子易手諸侯卿大夫的『貴族化』，使統一的規則變得可有可無。沒有了神權與王權的神秘感，製作者可以自由地摻入自己的審美意趣。又由於青銅器不再僅僅是神器，也可以製作得更華美，而不受陳舊觀念的束縛。馬衡曾將青銅器中的禮樂器分為宗器、旅器、媵器。姑且不算樂器中的鐘鼓鐸錞，即使在莊嚴肅穆的禮器（這應該是王權、神權與社稷的象徵）中，也還有婚嫁的媵器，說明青銅器越來越生活化而少卻了許多神秘。諸如鼎、尊、鬲、甗，還有爵、觶、觥、壺、斝、豆、盤、匜等上面的文字，其創作與審美觀均有極大的自由。可以說，東周即春秋戰國時期的金文的裝飾美，是一個必然出現的現象。站在歷史發展的高度，東周金文的精巧與華美對於西周金文的古樸與厚重，實是一種積極的進取。

當然，正如『秦書八體』中會有蟲書、摹印等異式篆書，會有刻符、殳書、署書等用途各異的規定那樣，東周中後期的金文體式的變化之多是令人眼花瞭亂的。縱觀金文書法所表現出的裝飾傾向，我們不得不認為：此中的大部分典範作品，其實並沒有順着真正的書法軌道，而是以近於花體美術化的趨向向前發展。該如何來理解這種現象？

任何現象的存在，都離不開觀念的支持與制約。站在東周人的立場上審時度勢，我感覺到這種美術化趨向具有某種內在的理由：

一、東周人已不滿足於殷周前期書法的質樸，他們試圖創造出更華麗斑斕的新時代的格局。這種嘗試受到當時物質條件的限制，青銅器從製陶範、合模、冶銅、澆鑄、成形、拆範、修整，要經過七、八道工序，稍有疏忽即前功盡弃。這樣復雜的工藝製作過程，規定了金文祇能走向美術化裝飾化（以與紋樣圖形相配合）。當時的制作家們處在這樣的環境中，也不可能對書法的時、空關係與美學性格有深切的把握，所以走向裝飾的精巧是唯一的途徑。

二、青銅器時代的人們雖然已有寫字的程序（如孔子的『韋編三絕』的傳說，戰國帛書與侯馬盟書等實物的證明），但大都還祇是停留在製作階段。當時視文字為實用的記事工具的觀念，使一般人很少有可能對文字從藝術創作的角度進行考慮。裝飾之美雖然與真正的書法之美尚有距離，但相對於純實用的甲骨刻契與殷周鑄款，已有十足的審美傾向了。裝飾工藝之美與書法表現之美後來雖分道揚鑣，勢同水火，但在當時，卻是十分款洽的孿生兄弟，具有同樣的價值。

東周時期的舊派（以中原型為代表）與新派（以江淮型為代表）之間的對比，說到底正是實用與審美、傳統與創新之間在最初的一次較量。毫無疑問，江淮型金文作為楚文化的一個典型，在當時代表了文明、進步和發展；它與楚文化作為長江流域的文化根基，在當時的積極作用是相同的。江淮型金文在後期的作用越來越大，甚至齊魯型、中原型的某些青銅器銘文也開始顯示出江淮型金文的痕蹟，這正好說明江淮型金文在當時具有領導潮流的特徵。可以設想，如果沒有秦始皇的統一六國，沒有秦型的籀文格式作為『書同文』的原型，對六國文字進行強制性改造，江淮型金文很可能會成為當時某一時代文字（書法）的代表。這樣的話，中國的書法在金文之後何去何從，實未可知。

作為一種純粹的審美活動，金文也給我們帶來許多豐富的提示。首先，金文的鑄造工藝，對於殷周人是個束縛；但對我們而言，用這種工藝鑄刻的金文顯示出毛筆書法所無法達到的某種迷人的效果。它那難以主動控制的線形、它的蒼茫的境界，以及它的不求流媚但求質樸的客觀效果，遠不是晉唐以下人所能達到的。這是一種真正的氣度恢宏的精神之美——唯其不自覺，非理性，其美也就更令人贊嘆。

其次，金文的錯落的章法、字形的大小變化與穿插錯落的排列，又為我們提供了一種自然的空間節奏方面的啟示。它隨勢而生，應形而成。在靈活的變化方面，也許祇有狂草能與它媲美。而且金文是在實用的桎梏下演化出如此富於審美性格的作品形式來的，品味其間的種種辯證關係與相反相成的道理，一定是十分有益的。

再次，同樣出於實用，金文還為我們提供了書法生存的各種有趣的環境。銘文在不同器形中不的同位置上出現，其處理手段與實際效果構成了一連串有趣的審美命題：如《楚王酓章鐘》的梯形構圖；《大克鼎》的框格處理；《臧孫鐘》的左、中、右三行的對稱排列；《姑馮勾鑃》的兩側對列；《蔡侯朱之缶》的弧形單列；《楚王酓悍鼎》的直線橫列……還有各種爵、觶上作為紋樣間隔的文字符號造型、《國佐鎗》的扇形排列等等，可謂多姿多彩，妙趣橫生。這不但對於審美觀是一個極好的提示，而且對現代書法創作的形式也頗有啟迪。

又次，對於研究刻、鑄和書寫關係、把握書法在當時的原始書寫形態與鑄刻後的完成形態之間的差異，金文的成功具有突出的價值。我們可以以金文的各時代、各區域、各類型作為一系，又把同時出土的帛書、簡書、玉片書等作為另一系，作一寫與鑄的對比，又可以以青銅器銘文作為正規一系，將印璽文、陶文、貨幣文、兵器刻款等較為草率急就的文字作為一系，作一官方與民間、正統與草率之間的對比。不論何種對比，金文作為最權威、最典型、最正統的文字（書法）形態，都具有無與倫比的藝術價值。

我以上對金文書法的粗略疏浚，相信會給讀者以大概的印象。但分類也好，理出史實脈絡也好，畢竟還祇能說是一種抽象的思考與整理，而真正要從感覺上對這些整理作鑒定，我們還不得不有賴於形象的作品本身。反過來，要使古老的金文藝術能對現代書法發展提供有益的啟示，直觀的圖片資料必然是唯一的『通道』。被收入本書的二百六十餘件拓片，即使不加任何解釋與說明，就已經具備了客觀的審美價值。由是，本文作為全書的序，其實不過是起到一個橋樑的作用。曹錦炎兄幾次過訪，囑我作一『金文書法史』的專論以代序，說明這篇文字還是有必要，並且是與編者的構思相吻合的。倘若它能幫助讀者在翻閱本書之前，通過文字的引導先取得一個有關書法審美方面的概念（而不是文字考釋方面的），那就是拙撰的目的所在了。

希望隨着本書的面世，倡導更多的人來學習金文書法。書法史需要這樣，更廣泛的文化史也需要這樣。

一九八八年七月下澣於浙江美術學院

目録

東周

一　戍嗣鼎

商·晚

丙午，王商（賞）戍𤔲（嗣）貝廿朋，才（在）䦜（闌）宔（主）。用乍（作）父癸寶鬺（鬺），隹（唯）王饔䦜（闌）大室，才（在）九月。犬魚。

二 戍甬鼎 商·晚

三 小臣告鼎 商·晚

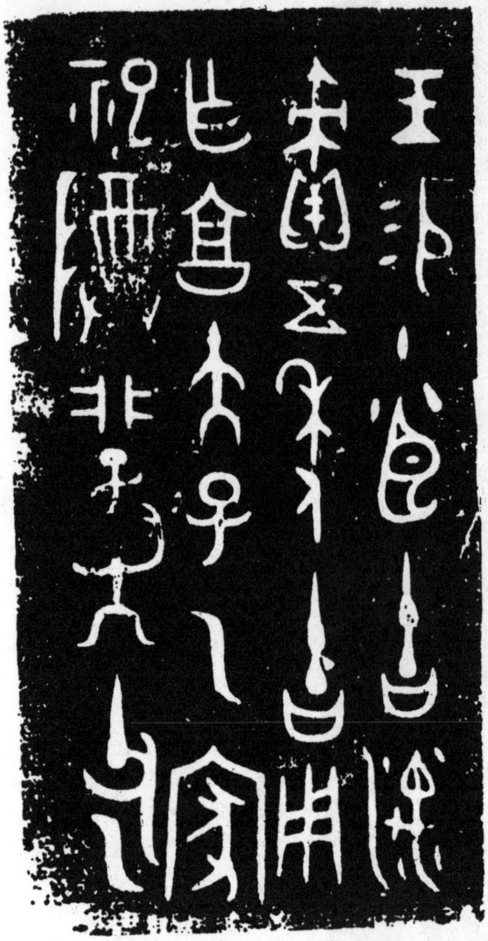

亞見，丁卯，王令宜子迨（合）西
方，于省，隹（唯）反（返），王賁（賞）
戍甬貝二朋，用乍（作）父乙齋鼎。

王易（賜）小臣告渪
責（積）五年，告用
乍（作）享大子乙家
祀障。𦥑（舉）。父乙。

四 般甗

商·晚

王宜人方無敄，咸，王商（賞）乍（作）册般貝，用乍（作）父己尊，來册。

五 戊寅鼎

商·晚

戊寅，王口遽䮭馬，彭，易（賜）貝，用乍（作）父丁尊彝，亞受。

六 小子䍙鼎 商·晚

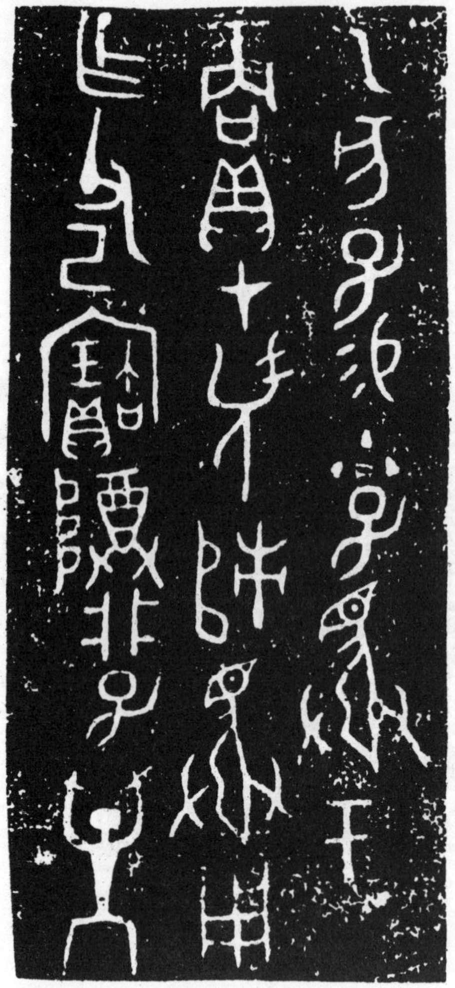

七 毓祖丁卣 商·晚

乙亥，子易（賜）小子䍙王
商（賞）貝，才（在）𠂤師，䍙用
乍（作）父己寶障（尊）。𦥑（舉）。

辛亥，王才（在）廙，降令
曰：歸福于我多高
咎，易（賜）嫠（釐），用乍（作）
毓（後）且（祖）丁障（尊）。丙。

八 聽簋 商·晚

辛子(巳)，王酓(飲)多亞，
聑(聽)享京麗，
易(賜)貝二朋。用乍(作)大子丁。𠭯。

九 小子畬卣 商·晚

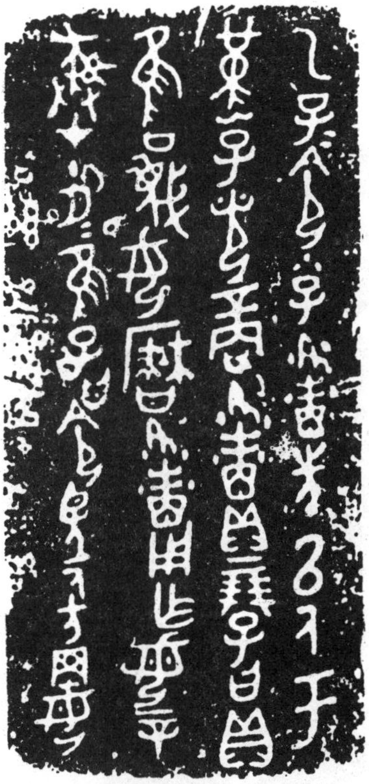

乙子(巳)，子令小子畬先以人于
堇，子光商(賞)畬貝二朋。子曰：貝
唯蔑女(汝)曆。畬用乍(作)母辛
彝，才(在)六月。隹(唯)子曰，令望人方𩁹。

一〇小臣艅尊　商·晚

丁子（巳）王省夒且，
王易（賜）小臣艅夒貝。
隹（唯）王來正（征）人方，隹（唯）
王十祀又五肜日。

二 邐鼎 商·晚

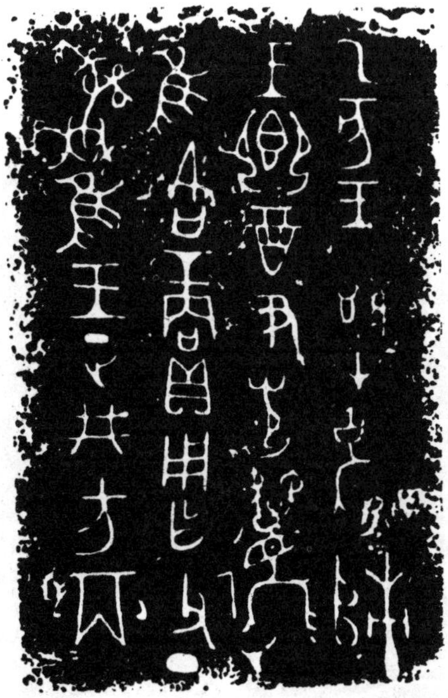

乙亥，王□才（在）𠂤師，
王鄉（饗）酉（酒），尹光（貺）邐，
隹（唯）各（格），商（賞）貝·用乍（作）父丁
彝·隹（唯）王正（征）井（邢）方·丙·

三 宰甫簋 商·晚

王來獸（狩）自豆彔（麓），才（在）
䂚師·王鄉（饗）酉（酒），王光（貺）
宰甫貝五朋·用乍（作）寶𪔂·

一三　二祀𠨘其卣　商·晚

丙辰，王令𠨘
其兄（貺）[illegible]
于夆田，洛賓
貝五朋。才（在）正月遘
于匕（妣）丙肜日大乙奭，
隹（唯）王二祀，既
[illegible]于上帝。

一四　四祀𠨘其卣　商·晚

乙子（巳），王曰障
文武帝乙宜，
才（在）召大廊（廳），遘
乙翌日。丙午，魯。
丁未，煮。己酉，王
才（在）梌，𠨘其易（賜）貝。
才（在）四月，隹（唯）
王四祀翌日。

一五　六祀𠨘其卣　商·晚

乙亥，𠨘其易（賜）乍（作）
冊𡭴宜琡，用乍（作）
且（祖）癸障彝，才（在）六
月，隹（唯）王六祀翌日。亞獏。

一六 肄簋 商·晚

戊辰，弜師易(賜)肄(肆)
𠷎户棗貝。用乍(作)父乙
寶彝。才(在)十月，隹(唯)王
廿祀，𦦵(協)日，遘于匕(妣)戊
武乙奭，豕一。旅。

一七 我鼎 商·晚

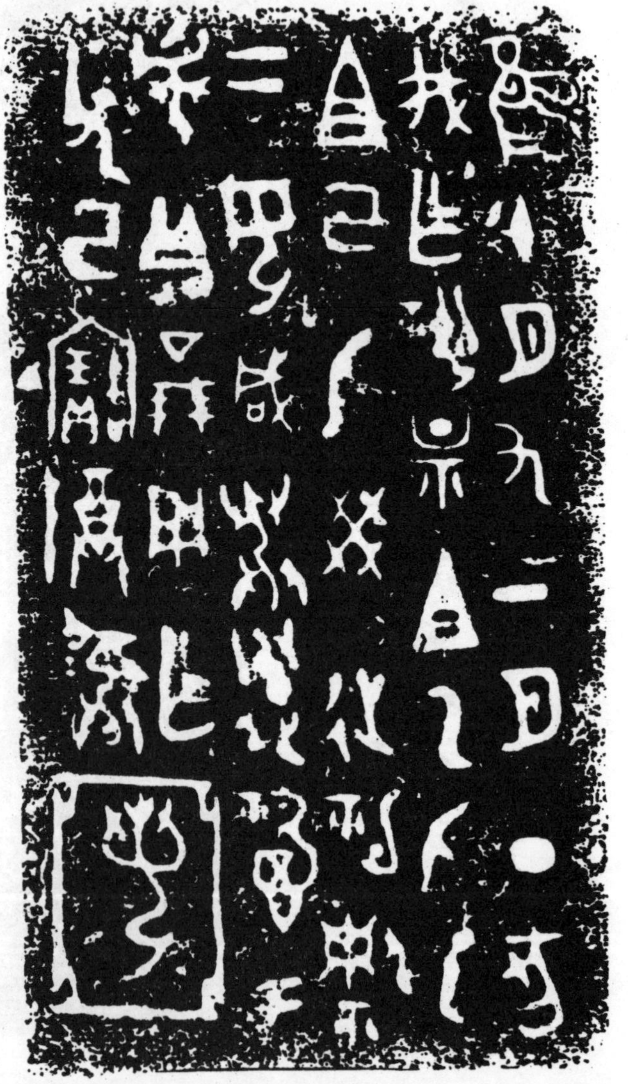

隹(唯)十月又一月丁亥，
我乍(作)禦宗且(祖)乙匕(妣)乙、
且(祖)己匕(妣)癸，征(延)礿𣪘
二母，咸。與(與)遣福，□
丕貝五朋，用乍(作)
父己寶尊彝。亞若。

一八 利簋

西周·早

珷（武）征商，隹（唯）甲子朝，歲
鼎（當），克聞（昏）夙又（有）商。辛未，
王才（在）𩫖（闌）𠂤（師），易（賜）又（有）吏利
金，用乍（作）旜公寶尊彝。

一九　天亡簋

西周·早

乙亥，王又大豐（禮），王凡三方，王

祀于天室，降，天亡又（佑）王，

衣祀于王，不（丕）顯考文王，

事喜（饎）上帝，文王德才（在）上，不（丕）

顯王乍（作）省，不（丕）綿（肆）王乍（作）賡，不（丕）克

乞（訖）衣（殷）王祀，丁丑，王鄉（饗），大宜，王降，

亡助爵復櫜，隹（唯）朕

又（有）蔑，每（敏）啟王休于障皀（簋）。

二〇 獻侯鼎 西周·早

唯成王大桒
才（在）宗周，商（賞）獻
侯𩓚貝，用乍（作）
丁侯障彝。天黽。

二一 德鼎 西周·早

隹（唯）三月王才（在）
成周，征（延）珷（武）
福自蒿，咸，
王易（賜）德貝廿朋，
用乍（作）寶障彝。

二三　保卣

西周·早

乙卯，王令保及
殷東或（國）五侯，征（延）
兄（貺）六品，蔑曆于
保，易（賜）賓。用乍（作）文
父癸宗寶障彝，遘
于四方迨（合）王大祀，祓（祐）
于周，才（在）二月既望。

二三

禽簋

西周·早

王伐禁侯，周公某（謀），禽祝，禽又（有）敃祝，王易（賜）金百寽。禽用乍（作）寶彝。

二四

旅鼎

西周·早

隹（唯）公大（太）保來伐反尸（夷）年，才（在）十又一月庚申，公才（在）盩自（師），公易（賜）旅貝十朋。旅用乍（作）父尊彝。朩。

二五　作册大鼎　西周·早

公來鑄武王
成王異(翼)鼎。隹(唯)四
月既生霸己
丑，公賁(賞)乍(作)册
大白馬。大䵼(揚)
皇天尹大(太)傈(保)
室，用乍(作)且(祖)丁
寶隫彝。雟册。

二六　細卣　西周·早

隹(唯)明傈(保)殷，成周年
公易(賜)乍(作)册䚩(細)鬯貝，䚩(細)
䵼(揚)公休，用乍(作)父乙
寶隫彝。[illegible]。

二七 令彝

西周·早

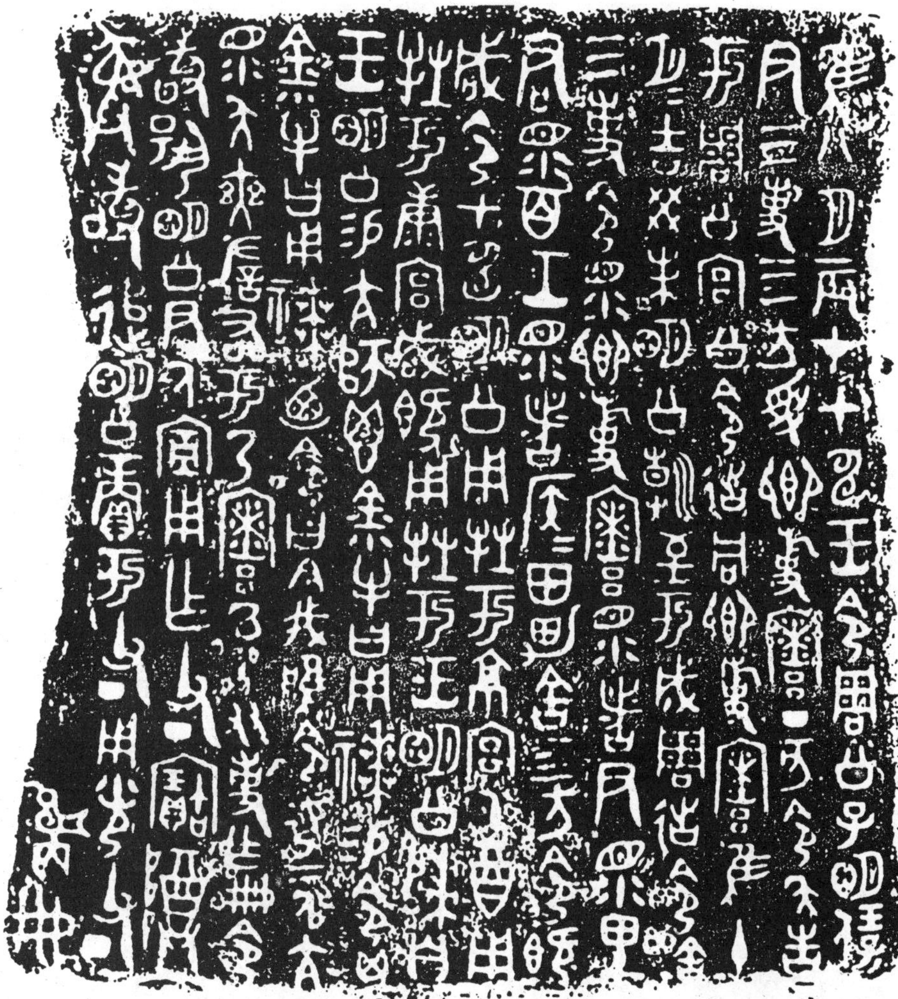

隹（唯）八月辰才（在）甲申，王令周公子明㑎（保）
尹三事四方，受卿旋（事）寮（僚）。丁亥，令夨告
于周公宫。公令㘿（出）同卿旋（事）寮（僚）。隹（唯）十
月月吉癸未，明公朝至于成周，㘿（出）令，舍
三事令，眔（暨）卿旋（事）寮（僚）、眔（暨）者（諸）尹、眔（暨）里
君、眔（暨）百工、眔（暨）者（諸）侯：侯、田（甸）、男，舍四方令。既
咸令。甲申，明公用牲于京宫。乙酉，用
牲于康宫。咸既；用牲于王。明公歸自
王。明公易（賜）亢師鬯、金、小牛，曰：用禘。易（賜）令鬯、
金、小牛，曰：用禘。迺令曰：今我唯令女（汝）二人亢
眔（暨）夨，奭詹（左）右于乃寮（僚）以乃友事。乍（作）册令
敢䚄（揚）明公尹厥室，用乍（作）父丁寶障
彝。敢追明公賣（賞）于父丁，用光父丁。雋册。

二八 矢令簋 西周·早

隹(唯)王于伐楚白(伯)才(在)炎。隹(唯)九
月既死霸丁丑，乍(作)册矢令
尊宜于王姜。姜商(賞)令貝十朋、
臣十家、鬲百人。公尹白(伯)丁
父兄(貺)于戍，戍冀，嗣乞(餼)。令
敢䵼(揚)皇王宦，丁公文報，用
頴(稽)後人享，隹(唯)丁公報。令用
弇展于皇王，令敢展皇王
宦，用乍(作)丁公寶𣪘(簋)，用尊史(事)于
皇宗，用鄉(饗)王逆造(造)，用
匓(飽)寮(僚)人，婦子後人永寶。雋册。

二九 榮簋 西周·早

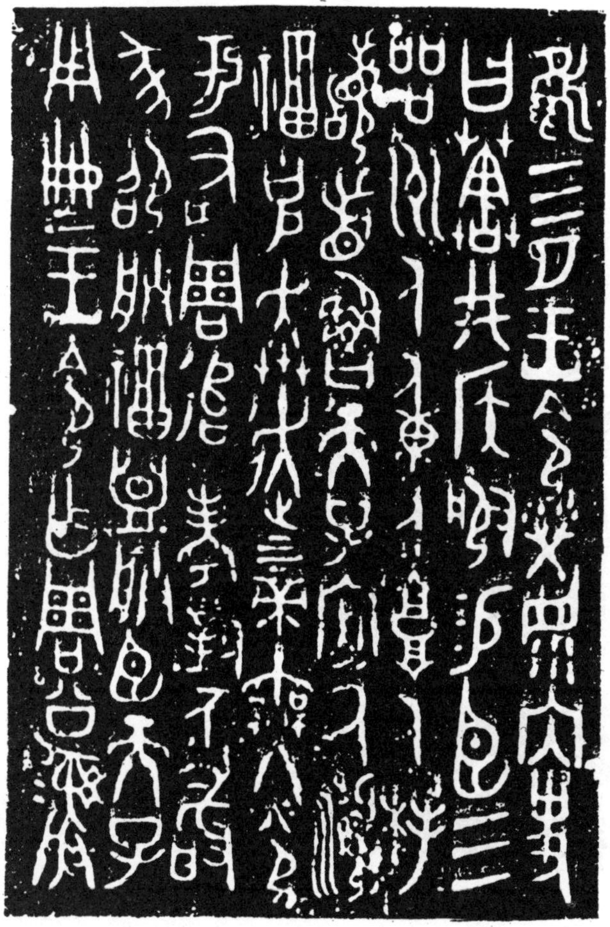

隹(唯)三月王令烒(榮)眔(暨)内史
曰：蓍井(邢)侯服，易(賜)臣三
品：州人、重人、𩫏(庸)人。捧(拜)
䭫(稽)首，魯天子寏(造)厥瀕
福，克奔徒(走)，上帝無令
于有周。追考(孝)對，不敢
豙(墜)。卲(昭)朕福盟(盟)，朕臣天子。
用册(典)王令，乍(作)周公彝。

三〇 麥鼎 西周·早

隹(唯)十
又二月，
井(邢)侯
征(延)嚆
于麥，麥
易(賜)赤
金，用
乍(作)鼎。
用從
井(邢)侯
征事，
用鄉(饗)多
者(諸)友。

三一 應公鼎 西周·早

雁(應)公乍(作)寶
隮彝，曰申大以乃
弟，用夙夕䵼享。

三二 燕侯旨鼎 西周·早

匽(燕)侯旨初見
事于宗周，王
賁(賞)旨貝廿朋，用
乍(作)又(有)始(姒)寶隮彝。

三三 臣鼎 西周·早

公違省自東，
才(在)新邑，臣鄉(饗)，易(賜)金。
用乍(作)父乙寶彝。

三四 亳鼎 西周·早

公侯易（賜）亳杞
土、棍土、𥞤禾、䵼禾。亳
敢對公仲休，
用乍（作）尊（障）鼎。

三五 [阝異]尊 西周·早

隹（唯）公[目彖]于宗周，
[阝異]從，公帀（師）[匚臣凡]洛
于官（館），𧶠（賞）[罒異]貝，用
乍（作）父乙寶障彝。

三六 旂鼎

西周·早

唯八月初吉，
辰才(在)乙卯，公易(賜)
旂僕。旂用乍(作)
文父日乙寶
障彝。𦥑(舉)。

三七 芠鼎

西周·早

丁亥，□商(賞)又(有)正
芠嬰貝才(在)穆，
朋二百。芠展□
商(賞)，用乍(作)母己障。□(鬻)。

三八 玳鼎 西周·早

乙亥，玳見事
于彭，車叔，商（賞）
玳馬，用乍（作）
父庚彝。天黿。

三九 雝伯鼎 西周·早

王令潛（雝）白（伯）啚
于之為宮，潛（雝）
白（伯）乍（作）寶䵼彝。

四〇 麐鼎 西周·早

麐肇對元德，
考（孝）督（友）隹（唯）井（型），乍（作）
寶䵼彝，其用
夙夕𩱛享。

四一 叔卣

西周·早

隹(唯)王來于宗周，王姜史(使)叔事于大(太)儇(保)，商(賞)叔𩰪(鬱)鬯、白金、遝(芻)牛。叔對大(太)儇(保)休，用乍(作)寶尊彝。

四二 太保簋

西周·早

王伐彔子𦔻(聽)，𠭁厥反(返)。王降征令于大(太)保，大(太)保克苟(敬)亡(無)遣。王永(詠)大(太)保，易(賜)休余土，用茲彝對令。

四三 獻簋 西周·早

佳（唯）九月既望庚寅，檐（楷）
白（伯）于遘王休，亡（無）尤。朕
辟天子，檐（楷）白（伯）令厥臣獻
金車。對朕辟休，乍（作）朕文
考光父乙，十枼（世）不諲（忘）獻
身，才（在）畢公家，受天子休。

四四 旂鼎 西周·早

文考遺寶
責（積），弗敢喪，
旂用乍（作）父
戊寶障彝。

四五 [illegible][illegible]鼎 西周·早

佳（唯）二月初吉庚
寅，才（在）宗周，檐（楷）仲
賞厥[illegible][illegible]
逐毛兩，馬匹，對
飘（揚）尹休，用乍（作）己公
寶障彝。

四六 叔趩父卣

西周·早

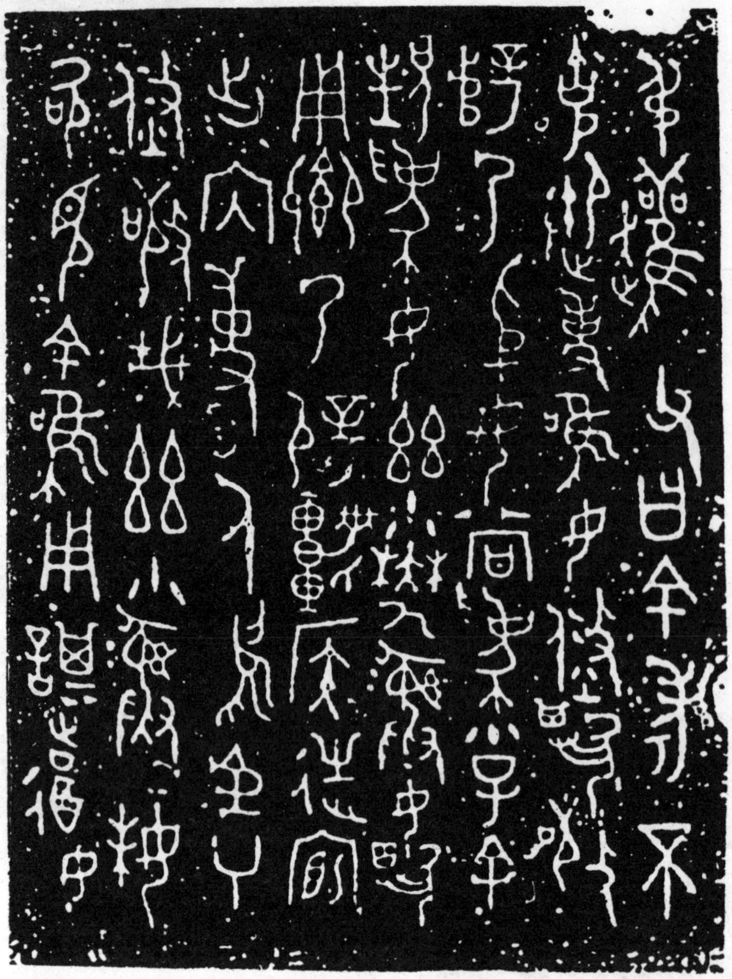

叔趩父曰：余考（老），不
克御事，唯女（汝）倏⿰其凡（其）敬
辥（乂）乃身，毋（毋）尚為小子。余
⿰坴凡（兄）為女（汝）兹小樹（鬱）彝，女（汝）⿰其凡（其）
用鄉（饗）乃辟軝侯逆⿱宀告（造），
出内（入）吏（使）人。烏（嗚）虖（呼），
倏，敬哉！兹小彝妹
吹見，余唯用諆僃（酤）女（汝）。

四七 舍父鼎 西周·早

辛宮易(賜)舍父
帛金，揚辛宮
休，用乍(作)寶鼎，
子子孫孫其永寶。

四八 商尊 西周·早

隹(唯)五月，辰才(在)丁亥，
帝司賞(賞)庚姬貝
卅朋，迖絲廿寽。商
用乍(作)文辟日丁
寶尊彝，𦥑廾(舉)。

四九 大盂鼎

西周・早

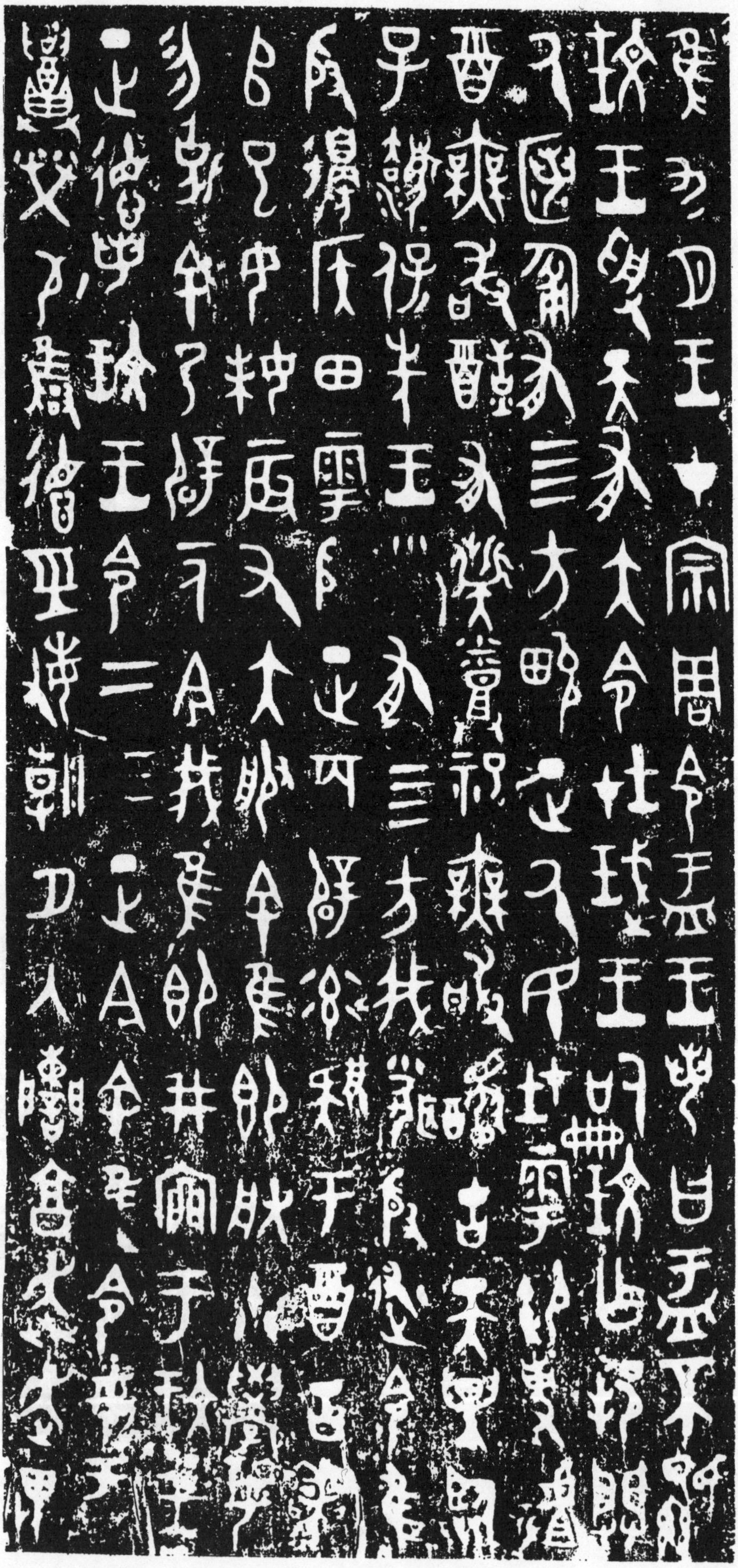

隹(唯)九月王才(在)宗周,令盂。王若曰:盂,不(丕)顯
玟(文)王受天有大令(命)。在珷(武)王嗣玟(文)乍(作)邦,闢
厥匿,匍(敷)有四方,畯(畯)正厥民。在雩御事,𫉬
酉(酒)無敢醵(酖),有鬃(柴)蒸(烝)祀,無敢醵(擾),古(故)
天異(翼)臨
子,灋保先王,□有四方。我聞(聞)殷述(墜)令(命),隹(唯)

殷邊(邊)侯田(甸)雩(與)殷正百辟,率肄于酉(酒),古(故)喪
𠂤(師)巳,女(汝)妹(昧)辰又(有)大服,余隹(唯)即朕小學,女(汝)
勿𠭯余乃辟一人。今我隹(唯)即井(型)㐭(禀)于玟(文)王
正德,若玟(文)王令二三正。今余隹(唯)令女(汝)盂
召(紹)燮(榮),苟(敬)雝德巠(經),敏朝夕入讕(諫),享奔走,畏

天畏（威）。王曰：而令女（汝）盂井（型）乃嗣且（祖）南公。王
曰：盂，迺召（紹）夾，死嗣戎，敏諫罰訟，夙夕召（紹）
我一人，𤇈（烝）四方，雩我其遹省先王受民受
疆土。易（賜）女（汝）鬯一卣，冂（冕）、衣、市（韍）、舄、車、馬，易（賜）女（汝）
且（祖）南公旂，用遷（獸），易（賜）女（汝）邦嗣（司）四白（伯），人鬲自
駿（馭）至于庶人六百又五十又九夫，易（賜）尸（夷）嗣（司）王
臣十又三白（伯），人鬲千又五十夫，亟竊䙴（遷）自
厥土。王曰：盂，若芍（敬）乃正，勿灋（廢）朕令。盂用
對王休，用乍（作）且（祖）南公寶鼎。隹（唯）王廿又三祀。

五〇 旟鼎

西周·早

唯八月初吉，王姜易（賜）旟（旟）田三于待劃，師櫓（楷）酤兄（貺）。用對王休，子子孫其永寶。

五一 寧鼎

西周·早

隹（唯）王伐東尸（夷），濂公令寧眔（暨）史旟（旟）曰：以師厥眔（暨）有嗣（司）逡（後），或𢦔伐腺，寧孚（俘）貝。寧用乍（作）寰公寶障鼎。

五二
先獸鼎
西周·早

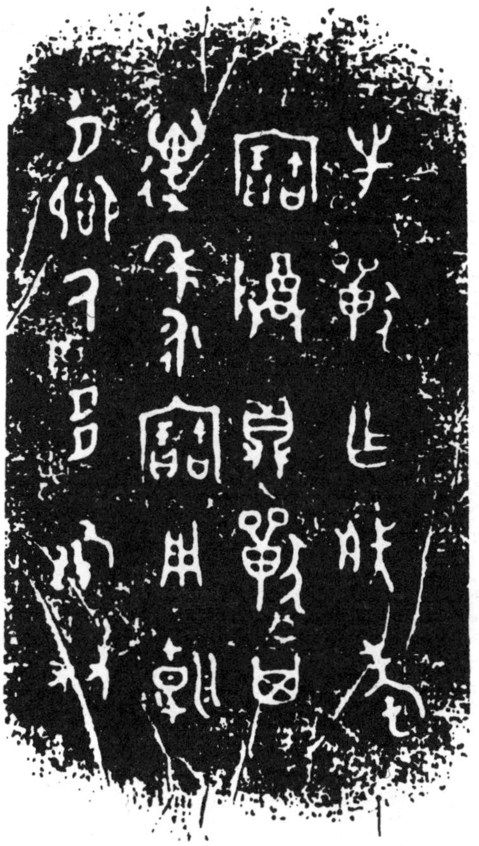

先獸乍(作)朕考
寶尊鼎，獸其
萬(萬)年永寶用，朝
夕鄉(饗)厥多倗(朋)友。

五三
趞卣
西周·早

隹(唯)十又三月辛卯，
王才(在)序，易(賜)趞采曰
越，易(賜)貝五朋。趞對
王休，用乍(作)姞寶彝。

五四
折觥
西周·早

隹(唯)五月，王才(在)序，戊
子，令乍(作)册折兄(貺)望
土于相侯，易(賜)金易(賜)
臣。𢼄(揚)王休，隹(唯)王十
又九祀。用乍(作)父乙
尊，其永寶。木羊册。

五五 征人鼎 西周·早

丙午，天君鄉(饗)
禝酉(酒)才(在)斤，天
君賞厥征
人斤貝，用乍(作)
父丁尊彝。天黽。

五六 寓鼎 西周·早

隹(唯)十又(有)二月丁丑，寓
獻佩于王姛(姒)，易(賜)寓
曼絲。對昜(揚)釩王
姛(姒)休，用乍(作)父壬寶尊鼎。

五七 豐尊 西周·早

隹(唯)六月既生霸
乙卯，王才(在)成周，
令豐殷大矩，大矩易(賜)
豐金、貝，用乍(作)父
辛寶尊彝。木羊冊。

五八 次尊

西周·早

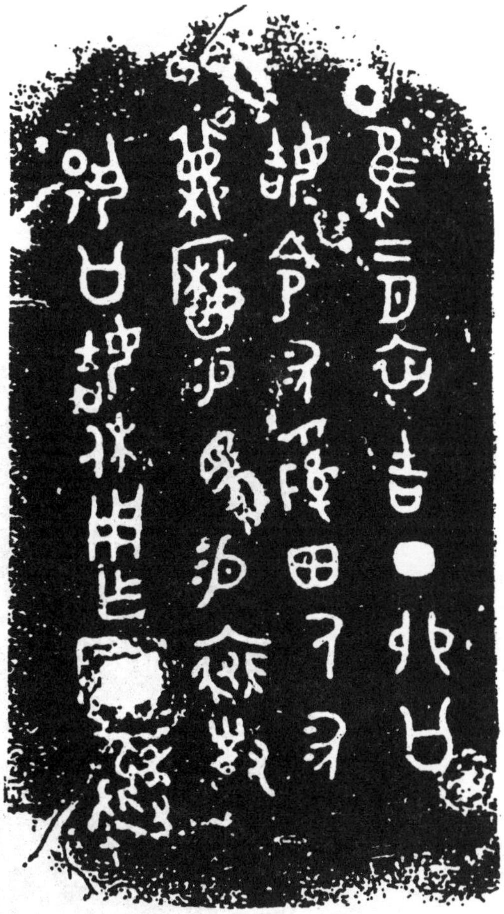

隹（唯）二月初吉丁卯，公
姞令次嗣田，厥次
蔑曆，易（賜）馬易（賜）裘，對
䲨（揚）公姞休，用乍（作）寶彝。

五九 歸釩鼎

西周·早

隹（唯）八月辰才（在）乙亥，王
才（在）葊京，王易（賜）歸
釩進金，𦁑（肆）彖。
對䲨（揚）王休，用乍（作）
父辛寶䵼（齍）。束。

六〇 井鼎

西周·早

隹(唯)七月王才(在)
䒑京，辛卯，王
魚(漁)于𩁹冂，乎(呼)
井從魚(漁)。攸，易(賜)
魚。對䚄(揚)王休，
用乍(作)寶𩰫鼎。

六一 小臣謎簋

西周·早

𠭯東尸(夷)大反，白(伯)懋父以殷八𠂤(師)征東尸(夷)。唯十又一月，𠳋(遣)自罨𠂤(師)，述(遂)東陕伐海眉，雩厥復歸，才(在)牧𠂤(師)，白(伯)懋父承王令，易(賜)𠂤(師)達(率)征自五齵貝。小臣謎蔑曆眔(暨)易(賜)貝，用乍(作)寶尊彝。

六二 召卣

西周·早

唯九月才(在)炎𠂤(師),甲
午,白(伯)懋父賜(賜)召白
馬,妦黄,猶(髮),敳(微)用黑。
不(丕)杯召多用追于
炎,不(丕)𦅫(肆)白(伯)懋父
㕛(友),召萬年永
光,用乍(作)團宮𣄰(旅)彝。

六三 小臣宅簋

西周·早

隹(唯)五月壬辰，同公才(在)豐，
令宅吏(使)白(伯)懋父，白(伯)易(賜)
小臣宅畫毌、戈九，昜(鍚)
金車、馬兩。縣(揚)公白(伯)休，
用乍(作)乙公障彝。子子孫
永寶，其萬年，用鄉(饗)王出入。

六四 禦胥衛簋

西周·早

五月初吉甲申，
懋父賞(賞)御(禦)疋(胥)衛
馬匹自王。用乍(作)
父戊寶障彝。

六五 師旂鼎

西周·早

唯三月丁卯，師旂衆僕不
從王征于方雷，吏（使）厥友引
以告于白（伯）懋父，才（在）艿，白（伯）懋
父迺罰得㬎古三百寽，今弗
克厥罰，懋父令曰：義（宜）殺
𠭯厥不從厥右征，今母（毋）殺，
期（其）又（有）內（納）于師旂，引以告中
史書，旂對厥贅于尊彝。

六六

静簋

西周·中

隹(唯)六月初吉，王才(在)莽京。丁卯，
王令静嗣射學宮，小子眔(暨)服、
眔(暨)小臣、眔(暨)尸(夷)僕學射。雩八月
初吉庚寅，王以吳𠦪、吕剛(犅)卿(合)
豳葢自(師)邦周，射于大池，静學
無眖(尤)。王易(賜)静鞞剢。静敢拜(拜)頴(稽)
首，對䫺(揚)天子不(丕)顯休，用乍(作)文
母外姞障(尊)段(簋)，子子孫孫其萬年用。

六七 孟簋

西周·中

六八 庚嬴卣

西周·中

孟曰：朕文考眔（暨）毛公
遣仲征無需，毛公易（賜）
朕文考臣自厥工。對
[illegible]（揚）朕考易（賜）休，用宝茲
彝，乍（作）厥，子子孫孫其永（永）寶。

隹（唯）王十月既望，辰
才（在）己丑，王逄（格）于庚
嬴宮，王蔑庚嬴曆，
易（賜）貝十朋，又丹一柝，庚
嬴對[illegible]（揚）王休，用乍（作）
厥文姑寶𨺓彝。其
子子孫孫萬年寶用。

六九　㝅鼎　西周·中

隹（唯）十又一月，師
雝父省（省）衜（道）至
于䣙（胡），㝅從。其
父蔑㝅曆，易（賜）
金。對䢅（揚）其父
休，用乍（作）寶鼎。

七〇　剌鼎　西周·中

唯五月，王在衣，辰才（在）丁
卯，王啻（禘），用牡于大室，
啻（禘）邵（昭）王，剌卸（御）。王易（賜）剌
貝卅朋。天子萬（萬）年，剌對
䢅（揚）王休，用乍（作）黃公障
𩰫彝。亓（其）孫孫子子永寶用。

七一 呂鼎 西周·中

唯五月既死霸，辰才（在）
壬戌，王饔〔于〕大室，呂
征（延）于大室。王易（賜）呂𩰫（鬯）
三卣，貝卅朋。對𩃬（揚）王休，
用乍（作）寶齋，子子孫孫永用。

七二 公貿鼎 西周·中

隹（唯）十又一月初吉
壬午，叔氏吏（使）
貧安曩（杞）白（伯），賓
貧馬、轡乘。
公貿用牧休
鱻，用乍（作）寶彝。

七三　伯陶鼎

西周·中

白（伯）陶（陶）乍（作）厥文
考宫叔寶鬻
彝，用匄永福，
子子孫孫其永寶。

七四　不指鼎

西周·中

隹（唯）八月既望戊辰，王
才（在）上侯𢈪，奉部，不指易（賜）
貝十朋，不指捧（拜）䭫（稽）首，敢
𩛥（揚）王休，用乍（作）寶鬻彝。

七五　戜者鼎

西周·中

戜者乍（作）旅鼎，
用匄偁魯祡（福），
用妥（綏）眉彔（祿），用
乍（作）文考宫白（伯）
寶䵼彝。

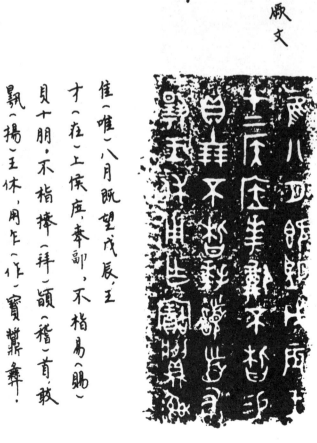

七六 小臣鼎

西周·中

唯十月，事于
曾，竊（密）白（伯）于成
周，休朏小臣
金，弗敢喪，昜（揚），
用乍（作）寶旅鼎。

七七 員鼎

西周·中

唯征（正）月既望癸酉，
王獸（狩）于眂（視）廩，王令
員執犬，休善，用乍（作）
父甲䵼彝。業（舉）。

七八 典鼎

西周·中

内史令典事，
昜（賜）金一勻（鈞），非余，
曰：内史龔朕
天君，其萬年，
用為考寶𨽍。

七九 伯姜鼎

西周·中

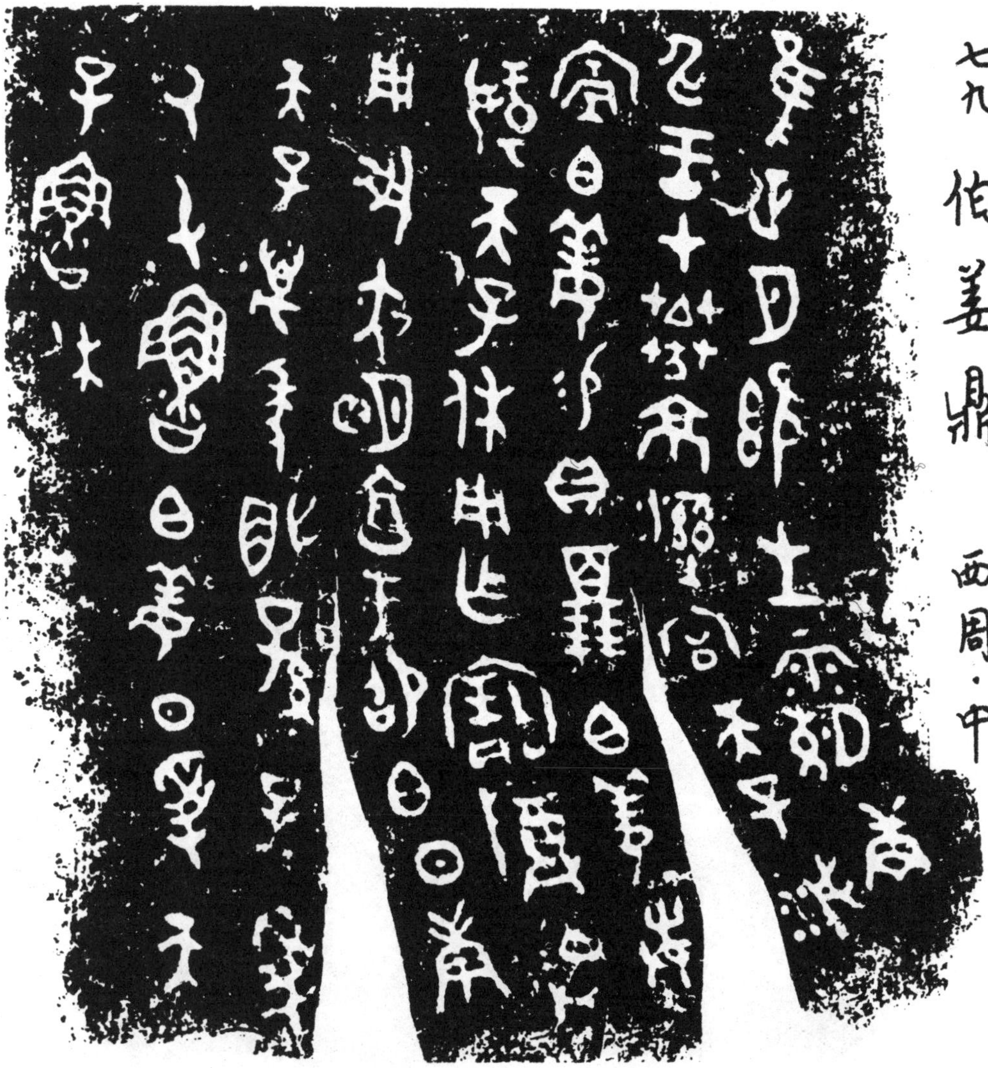

隹(唯)正月既生霸庚

申，王才(在)葊京溼宮。天子滅

室白(伯)姜，易(賜)貝百朋。白(伯)姜對

⿰孰凡(揚)天子休，用乍(作)寶⿰阝尊彝。

用夙夜明享于卲白(伯)日庚。

天子萬年，⿰目世(世)孫孫子子受

厥屯(純)魯，白(伯)姜日受天

子魯休。

八〇 戜鼎

西周·中

隹（唯）九月既望乙丑，才（在）
𡏖（堂）𠂤（師），王俎姜吏（使）內史
友員易（賜）戜玄衣朱襮（襮）
衿（襟）。戜捧（拜）䭬（稽）首，對䚄（揚）王
俎姜休，用乍（作）寶𪔂
𣴎鼎。其用夙夜享孝
于厥文且（祖）乙公于文
妣（妣）日戊，其子子孫孫永寶。

八一　㦰方鼎

西周·中

㦰曰：烏（嗚）虖（呼）！王唯念㦰辟剌（烈）
考甲公，王用肇吏（使）乃子㦰
達（率）虎臣御（禦）滩（淮）戎。㦰曰：烏（嗚）虖（呼）！
朕文考甲公、文母日庚弋（式）休，
則尚（常）安永宕乃子㦰心，安
永襲㦰身，厥復享于天子，
唯厥吏（使）乃子㦰萬年辟事
天子，毋（毋）又（有）眈（尤）于厥身。㦰捧（拜）
頴（稽）首，對䫫（揚）王令，用乍（作）文母
日庚寶隣䵼彝。用穆穆夙夜隣
享孝妥（綏）福，其子子孫孫永寶茲剌（烈）。

八二 彔伯𢦏簋

西周·中

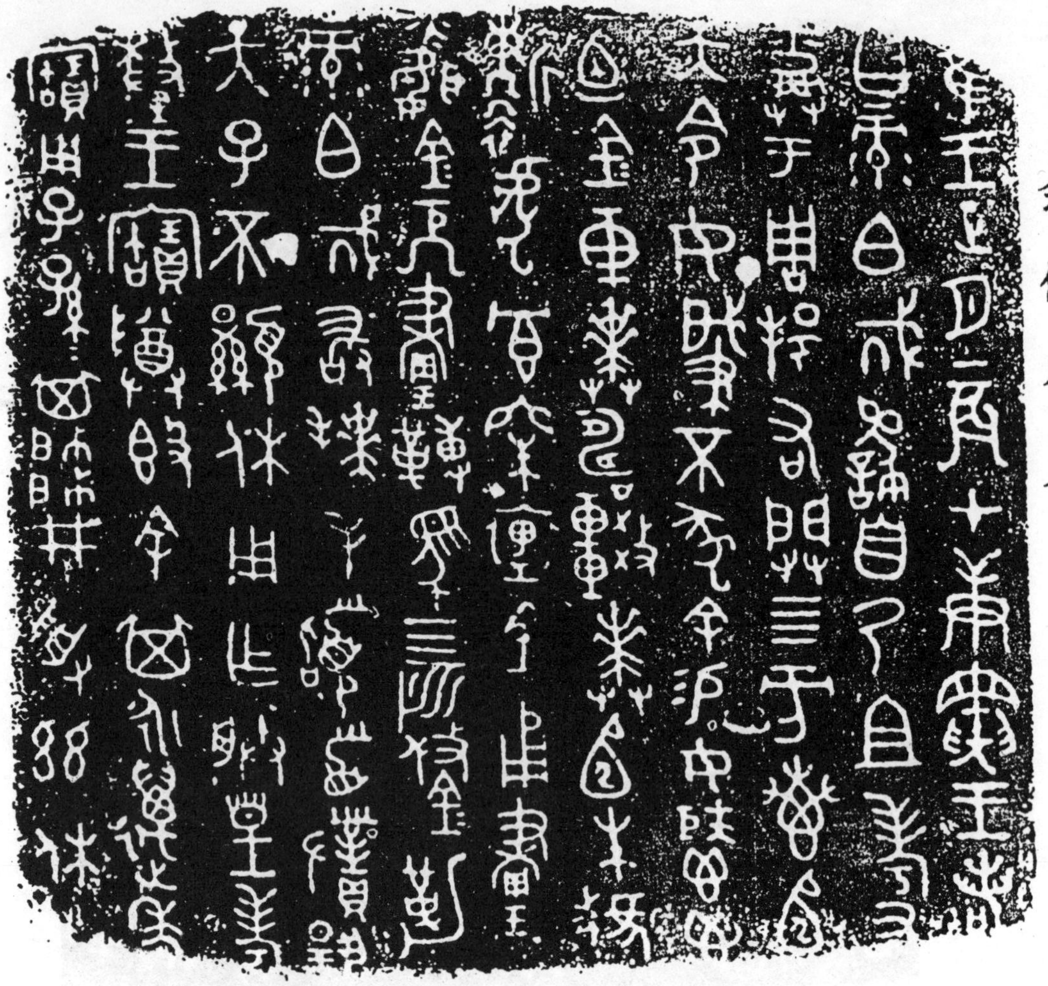

隹（唯）王正月辰才（在）庚寅，王若
曰：彔白（伯）𢦏，繇自乃且（祖）考，又（有）
爵于周邦，右（佑）闢（闢）四方，叀（惠）亙（宏）
天令（命）。女（汝）肇不豕（墜），余易（賜）女（汝）𩰫鬯（秬）鬯
一卣、金車、桒（賁）𣄨（幬）較（較），桒（賁）亙（鞃）、朱虢
𩎟（靳）、虎冟（幎）𥿍（朱）裏、金甬（筩）、畫
聄（轄）、金厄（軛）、畫轉、馬四匹、鋚勒。
彔白（伯）𢦏敢拜（拜）手䭫（稽）首，對（對）揚（揚）
天子不（丕）顯休，用乍（作）朕皇考
𨚕王寶障毁（簋）。余其永邁（萬）年
寶用，子子孫孫其帥井（型），受兹休。

八三 衛簋

西周·中

隹（唯）廿又七年三月既生霸戊

戌，王才（在）周，各（格）大室，即立（位）。南

白（伯）入右裘衛，入門，立中廷，

北鄉（嚮）。王乎（呼）内史易（賜）衛載（緇）市（韍）、

朱黄（衡）、綜（鑾）。衛拜（拜）䭫（稽）首，敢對䪞（揚）

天子不（丕）顯休，用乍（作）朕文且（祖）

考寶殷（簋），衛其子子孫孫永寶用。

八四 衛盉

西周·中

佳(唯)三年三月既生霸壬寅，
王爯旂于豐。矩白(伯)庶人取
堇(瑾)章(璋)于裘衛，才(財)八十朋，厥貯，
其舍田十田。矩或取赤虎(琥)
兩，麀奉(韍)兩，奉(賁)韐一，才(財)廿朋，其
舍田三田。裘衛廼彘(矢)告于
白(伯)邑父、焚(榮)白(伯)、定白(伯)、琼白(伯)、單
白(伯)。白(伯)邑父、焚(榮)白(伯)、定白(伯)、琼白(伯)、單
白(伯)廼令參(叁)有嗣(司)：嗣(司)土(徒)散(微)邑、嗣(司)
馬單旗(旟)、嗣(司)工邑人服，眔(逮)
受(授)田。燹、趞、衛小子䝈、逆、
者，其鄉(饗)。衛用乍(作)朕文考惠
孟寶般(盤)，衛其萬年永寶用。

八五 五祀衛鼎

西周·中

隹（唯）正月初吉庚戌，衛以邦君
厲告于井（邢）白（伯）、白（伯）邑父、定白（伯）、琼白（伯）、白（伯）
俗父，曰：厲曰：余執龔（恭）王卹工，
于邵（昭）大室東逆焚（營）二川。曰：余
舍女（汝）田五田。正廼訊厲曰：女（汝）
貯田不？厲廼許曰：余害（審）貯田
五田。井（邢）白（伯）、白（伯）邑父、定白（伯）、琼白（伯）、白（伯）
俗父廼顜（構），吏（使）厲誓。廼令參（叁）有
嗣（司）：嗣（司）土（徒）邑人趙、嗣（司）馬頸人邦、嗣（司）
工隆矩、內史友寺芻，帥屨（履）裘

衛厲田四田，迺舍寓（宇）于厥邑：
厥逆（朔）疆眔（逮）厲田，厥東疆眔（逮）散
田，厥南疆眔（逮）散田眔（暨）政父田，
厥西疆眔（逮）厲田。邦君厲眔（逮）付
裘衛田，厲叔子夙、厲有嗣（司）䪥（緟）
季、慶癸、燹、[illegible]、荆人敢、井（邢）人
倡屖，衛小子者，其鄉（饗）、媵（賸）。衛用
乍（作）朕文考寶鼎。衛其萬年
永寶用，隹（唯）王五祀。

八六　九年衛鼎

西周·中

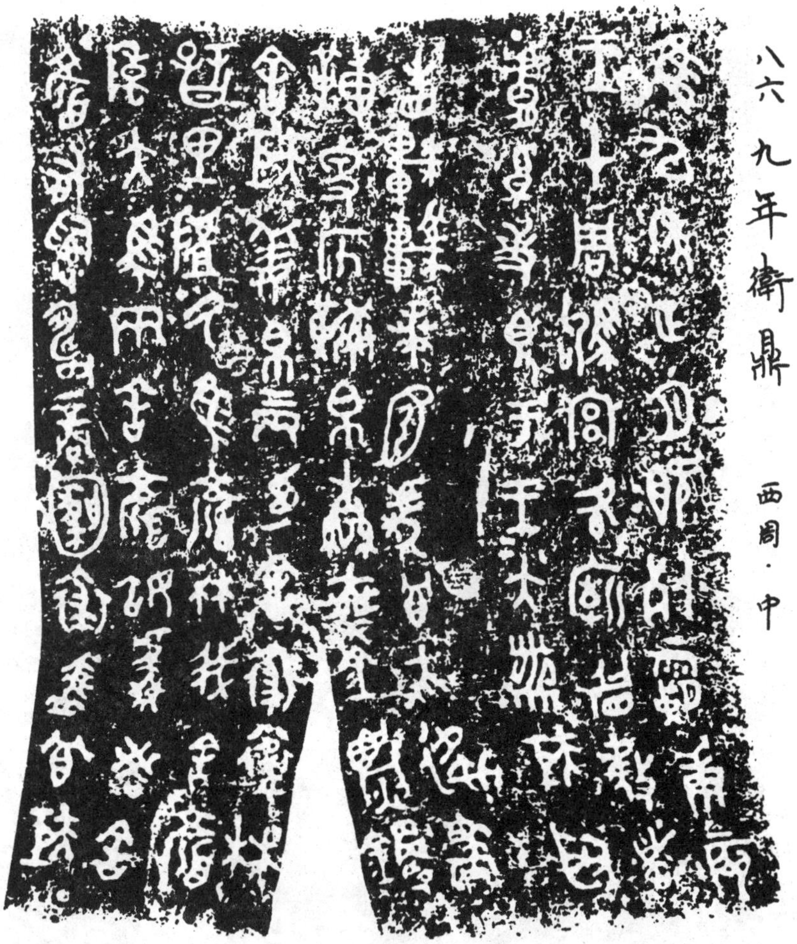

隹（唯）九年正月既死霸庚辰，
王在周駒宮，各（格）廟，眉敷（敖）者
膚為吏（使）見于王。王大黹。矩取
省車、較（較）、𠦪（賁）𩏂（鞃）、虎冟（幎）、希（緯）偉（幃）、畫
轉、㚇（鞭）、帀（席）、𦼮、帛（白）轡乘、金鹿（鑣）、鋞，
舍矩姜帛三兩。廼舍裘衛林
㹒（孤）里。𣪊厥隹（唯）顏林，我舍顏
陳大馬兩，舍顏始（姒）䖒咎，舍
顏有嗣（司）壽商圂（貈）裘、盠冟（幎）。矩

廼眔（暨）遳粦令壽商眔（暨）啻（意）曰：
顜（構）、還（履）付裘衛林𦤎（孤）里。則乃
成夆（封）四夆（封），顏小子具叀（唯）夆（封），壽
商𤔲。舍盠冒梯羝皮二、𢍰（𤞷）
皮二，𥻲舄俑（踊）皮二，朏帛（白）金一
反（鈑），厥吳喜皮二。舍遳虎冟（幎）、
𩍸（䋇）𩋁（賁）、韇（纕）𩍹（鞃）、東臣羔裘、顏下
皮二。眔（逮）受，衛小子𡨦，逆，者，其
𢐎（媵）衛臣虣朏。衛用乍（作）朕文
考寶鼎，衛其𥜽（萬）年永寶用。

八七 即簋

西周·中

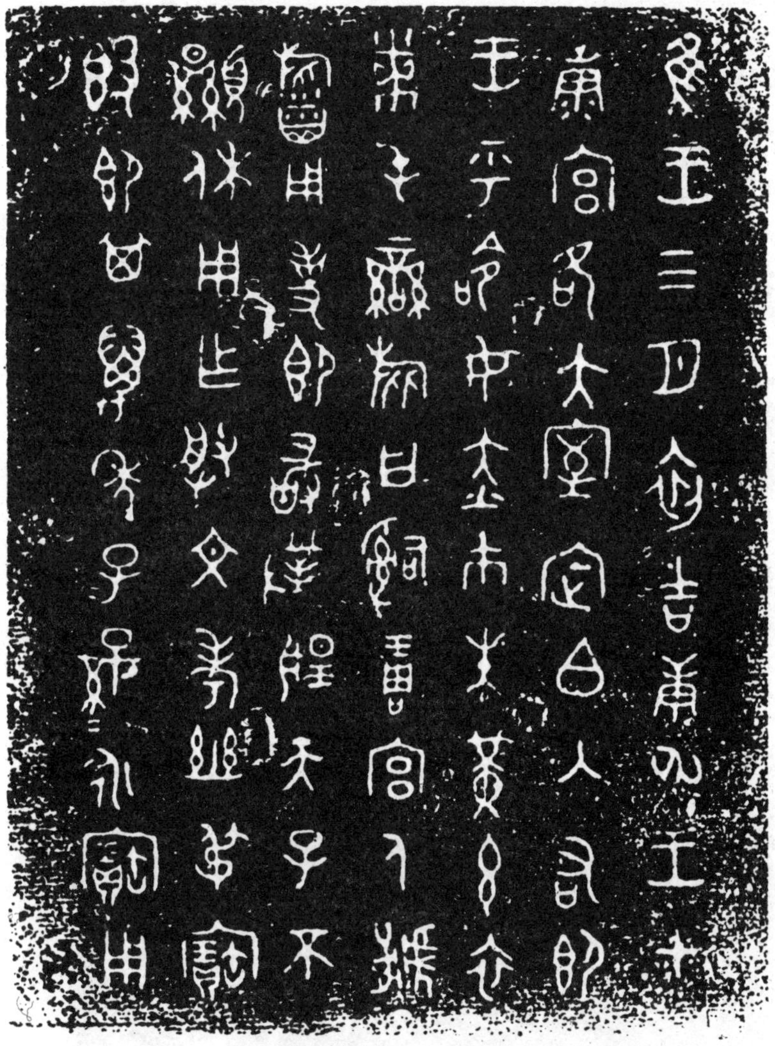

隹(唯)王三月初吉庚申，王才(在)
康宮，各(格)大室，定白(伯)入右即。
王乎(呼)命女(汝)赤市(韍)、朱黄(衡)、玄衣
黹屯(純)、䜌(鑾)旅(旗)。曰：𤔲琱宮人，虢
[illegible]用事。即敢對䫃(揚)天子不(丕)
顯休，用乍(作)朕文考幽叔寶
𣪘(簋)。即其萬年，子子孫孫永寶用。

八八 豆閉簋

西周·中

唯王二月既省(生)霸，辰才(在)戊寅，
王各(格)于師戲大室，井(邢)白(伯)入右
豆閉。王乎(呼)内史册命豆閉，
王曰：閉，易(賜)女(汝)戠衣、雝市(韍)、䜌(鑾)
旂，用倂(儹)乃且(祖)考事，𤔲(司)窔俞
邦君𤔲(司)馬、弓矢。閉拜(拜)䭫(稽)首，
敢對䫹(揚)天子不(丕)顯休命，用
乍(作)朕文考釐叔寶𣪕(簋)。用易(賜)
𣉻壽萬年永寶用于宗室。

八九 趞曹鼎

西周·中

隹（唯）七年十月既生
霸，王才（在）周般宫。旦，
王各（格）大室，井（邢）白（伯）入
右趞曹，立中廷，北
鄉（嚮），易（賜）趞曹載市（韍）、同（絅）
黃（衡）、䜌（鑾）。趞曹拜（拜）𩒨（稽）首，
敢對䝩（揚）天子休，用
乍（作）寶鼎，用鄉（饗）倗（朋）春（友）。

九〇 師奎父鼎

西周·中

隹(唯)六月既生霸庚寅,王
各(格)于大室,嗣(司)馬井(邢)白(伯)右
師奎父。王乎(呼)內史駒册
命師奎父,易(賜)載市(韍)、冋(絅)黄(衡)、
玄衣黹屯(純)、戈琱戚、旂,用
嗣乃父官友。奎父捧(拜)䭫(稽)
首,對䫆(揚)天子不(丕)杯魯休,
用追考(孝)于剌(烈)仲,用乍(作)尊
鼎,用匄釁(眉)壽黄耇吉康,
師奎父其萬年子子孫孫永寶用。

九一 伯晨鼎 西周·中

佳（唯）王八月，辰才（在）
丙午，王命䡅侯
白（伯）晨曰：飼（嗣）乃且（祖）
考侯于䡅，易（賜）女（汝）
䰜（秬）鬯一卣、玄衮衣
幽夫（巿）、赤舄、駒車、
畫呻、轌（幬）交（較）、虎幃（幃）
冟（幎）、袛里（裏）幽、攸（鋚）勒、
旅（旂）五（旂）、彤（彤弓）彤（彤矢）、旅
弓旅矢、寏戈、䩞（皋）
冑，用夙夜事，勿
灋（廢）朕命。晨捧（拜）頴（稽）
首，敢對𩛥（揚）王休，
用乍（作）朕文考瀕
公宮䵼鼎，子孫
其萬年永寶用。

九二 小臣守簋

西周·中

隹（唯）五月既死霸辛未，王吏（使）小臣守吏（使）于夷，夷賓馬兩、金十鈞。守敢對䫹（揚）天子休令，用乍（作）鑄引仲寶𣪕，子子孫孫永寶用。

九三 牆盤

西周·中

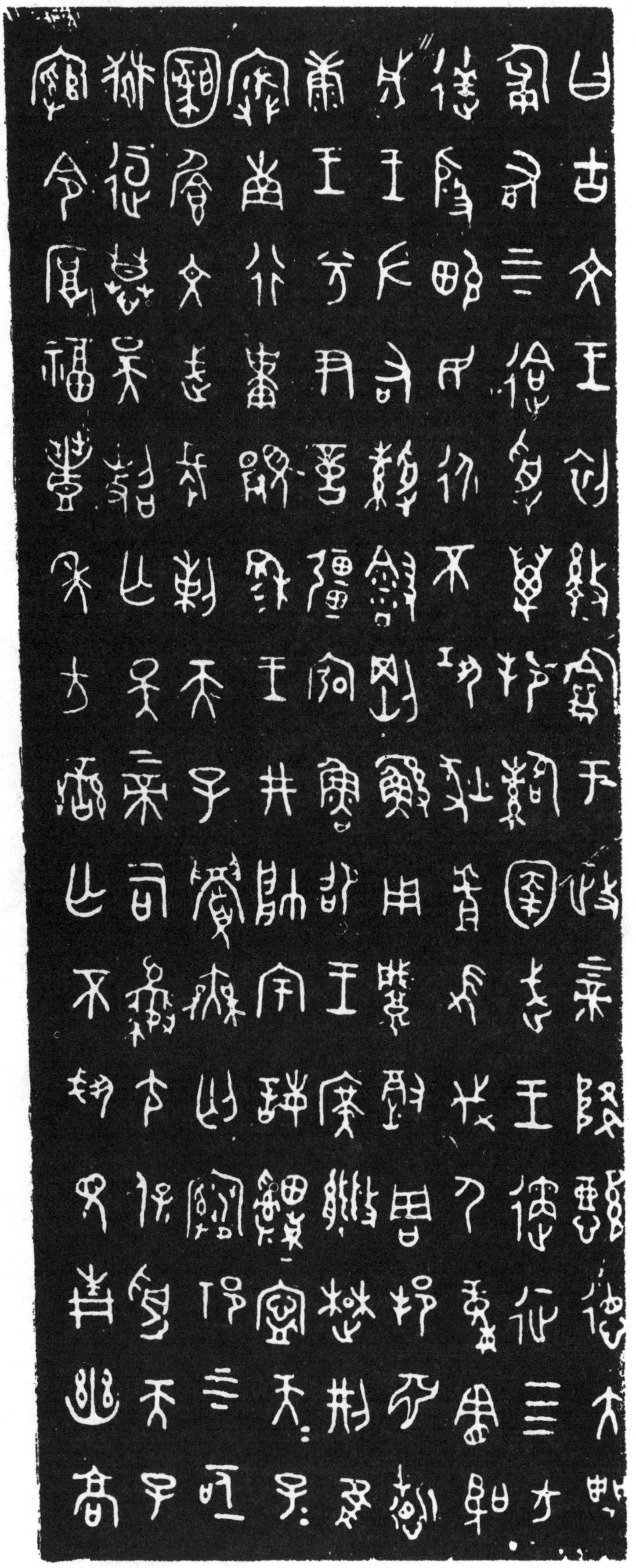

曰古文王，初盭龢于政，上帝降懿德，大甹（屏），
匍（敷）有上下，迨（合）受萬邦。𩰫圉武王，遹征四方，
達（撻）殷畯民，永不（丕）巩（鞏），狄虘光，伐尸（夷）
童。富（憲）聖
成王，左右綬（綬）鋼剛鯀，用戠肇（肇）𢼸（徹）周
邦。𣶒（淵）𢝊（哲）
康王，分（分）尹啻（億）疆。弘（宏）魯卲（昭）王，
廣𢿟（能）楚荆（荆），隹（唯）

寏南行。𧧶（祗）𩓧（顯）穆王，井（型）帥宇誨。𤕦（緟）
𡨦（寧）天子，天子
𪓐（恪）餍（纘）文武長剌（烈），天子𦣻（眉）無
匄，𡨄祁上下，亟
𤑔（熙）逗慕，昊炤無昊（斁），上帝司夒尢（尪）保，
受（授）天子
𩚫（綰）令、厚福、豐年，方䜌（蠻）亡（無）不𩁹見。
青（靜）幽高

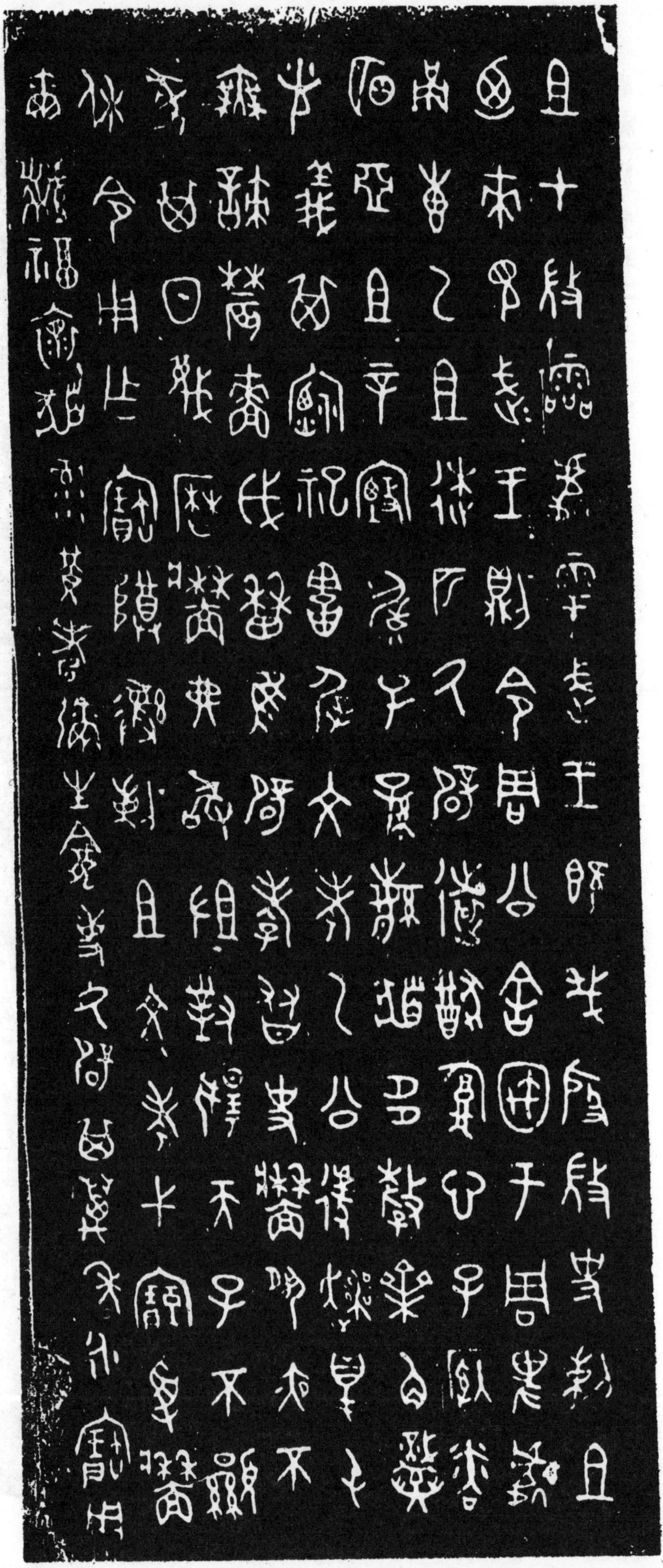

且（祖）、才（在）㣪（微）霝（靈）處。雩武王既𢦏殷，㣪（微）
史剌（烈）且（祖），
迺（乃）來見武王，武王則令周公舍圖（寓）于
周，卑（俾）處
甬。叀（唯）乙且逨（來）匹厥辟，遠猷复（腹）心，子
𠪚𦟀（粦）
明，亞且（祖）且（祖）辛，𩱧毓子孫，𦃞（繁）猶（髮）
多孷（釐），櫅角𢦏龏
光，義（宜）其𥜱（禋）祀。害（害）屖（遲）文考乙公，

遽趬𢕌（德）屯（純），
無諫（責），農嗇（穡）戉𤓰。佳（唯）辟孝𠬪（友）
史牆，夙夜不
㒸（墜），其日蔑曆。牆弗敢取（沮），對䫺（揚）天
子不（丕）顯
休令，用乍（作）寶尊彝。剌（烈）且（祖）文考弋
（式）𡨦受（授）牆
爾𪓌福，褱（懷）猶（髮）彔（祿）、黃耇彌生，龕（堪）
事厥辟，其萬年永寶用。

九四 師酉簋

西周·中

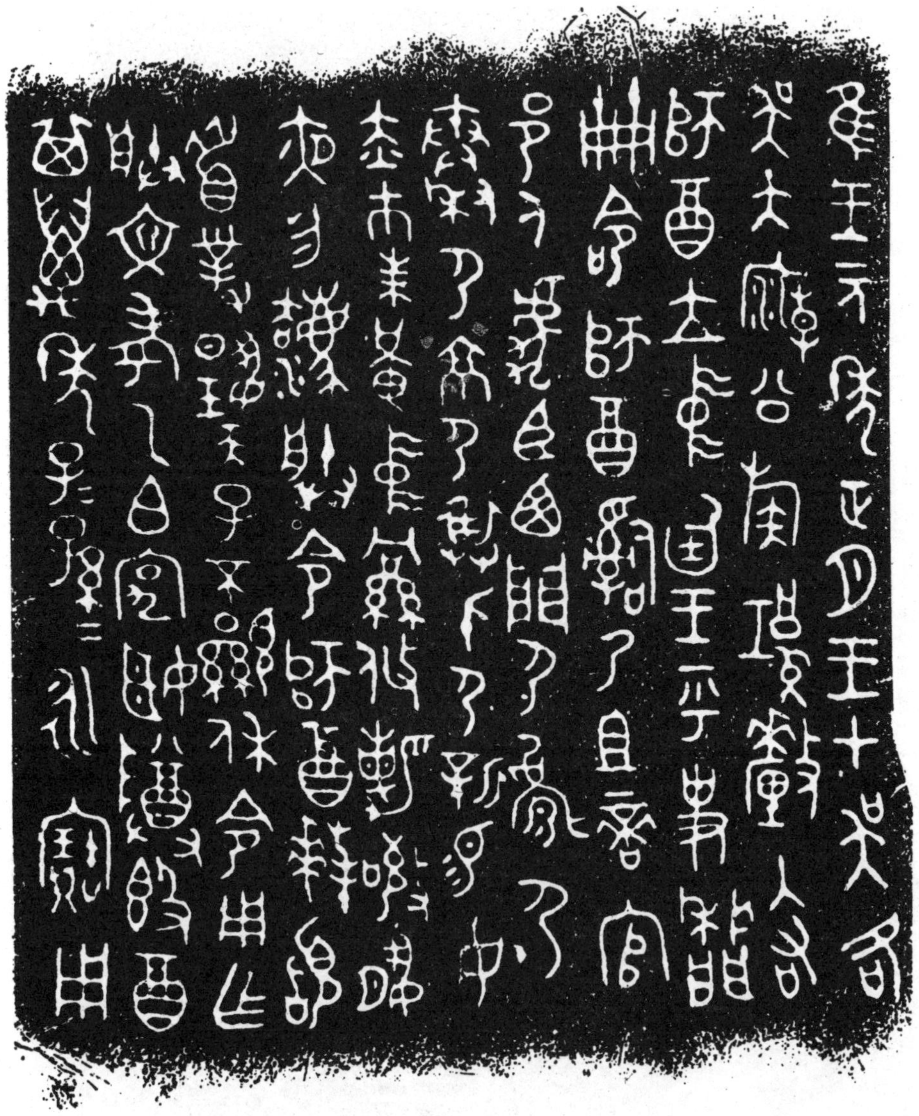

隹(唯)王元年正月，王才(在)吴，各(格)
吴大廟，公族𤳕釐入右
師酉，立中廷。王乎(呼)史牆
册命師酉：嗣乃且(祖)啻(嫡)官
邑人、虎臣、西門尸(夷)、𩵦尸(夷)、
秦尸(夷)、京尸(夷)、畁人尸(夷)，新易(賜)女(汝)
赤市(韍)、朱黄(衡)、中絅、攸(鋚)勒，敬夙
夜勿灋(廢)朕令。師酉𢷎(拜)𩒨(稽)
首，對𩛥(揚)天子不(丕)顯休令，用乍(作)
朕文考乙白(伯)宄姬障(尊)毁(簋)，酉
其萬年，子子孫孫永寶用。

九五 癲簋

西周·中

癲曰覭（顯）皇且（祖）考嗣
威義，用辟先王，不
敢弗帥，用夙夕。王
對癲楙（懋），易（賜）佩。乍（作）且（祖）
考設（簋），其𩰫（享）祀大神，大神
妥（綏）多福，癲萬年寶。

九六 三年痶壺

西周·中

隹(唯)三年九月
丁子(巳)，王才(在)奠(鄭)，
鄉(饗)醴，乎(呼)虢叔
召痶，易(賜)羔俎。
己丑，王才(在)句
陵，鄉(饗)逆酉(酒)，乎(呼)
師壽召痶，易(賜)
彘俎，捧(拜)䭫(稽)首，
敢對𩰫(揚)天子
休，用乍(作)皇且(祖)
文考尊壺，痶
其萬年永寶。

九七　十三年𤼈壺

西周·中

隹(唯)十又三
年九月初
吉戊寅，王
才(在)成周𤔲(司)
土(徒)淲宮，各(格)
大室，即立(位)。
徲父右𤼈。
王乎(呼)乍(作)册
尹册易(賜)𤼈
畫𩏂(靳)、牙僰(𣏟)、
赤舄，𤼈𢷎(拜)
䭫(稽)首，對𩛥(揚)
王休，𤼈其
萬年永寶。

九八
㾓鐘

西周·中

㾓𧻚𧻚夙夕聖趬，追孝于高且（祖）辛公、文且（祖）
乙公、皇考丁公龢鐳（林）鐘，用卲（昭）各（格）喜，侃樂
前文人，用禘壽匄永令、繛（綽）
綰（綰）猗（髮）彔（祿）屯（純）魯。弋（式）皇且（祖）考、高
對爾剌（烈），嚴才（在）上，豐豐㲋（擇）㲋（擇），𢾊（融）妥（綏）
厚多福，廣啓㾓身，勵于永
令，褱（懷）受（授）余爾黻福。㾓其萬年，橋角戴光，
義（宜）文神無疆，覭（顯）福，用寓（寓）光㾓身，永余寶。

九九 師趛鼎

西周·中

佳(唯)九月初吉庚
寅·師趛乍(作)文考
聖公、文母聖姬
障䵼·其萬年子
孫永寶用。

一〇〇 師器父鼎

西周·中

師器父乍(作)尊
鼎，用享考(孝)于
宗室，用旂(祈)釁(眉)
壽，黃句(耇)吉康。
師器父其萬
年子子孫孫永寶用。

一〇一 仲枏父簋

西周·中

隹（唯）六月初吉，師湯父有
𤔲（司）仲枏父乍（作）寶殷（簋），用敢
卿（饗）考（孝）于皇且（祖）丂（考），用𩍗（祈）𥂴（眉）壽，
其萬年孫子孫其永寶用。

一〇三 叔噩父簋

西周·中

叔噩父乍（作）雝姬旅𣪘（簋），其夙夜用享孝于皇君，其萬年永寶用。

一〇三 虘鐘

西周·中

隹(唯)正月初吉丁亥，
虘乍(作)寶鐘，用追孝于己
白(伯)，用享大宗，用濼(樂)好宾(賓)。
虘眔(暨)蔡姬永寶，用卲(昭)大宗。

一四 虘簋

西周·中

正月既望甲午，王才(在)周師
量宮。旦，王各(格)大室，即立(位)。王
乎(呼)師晨召大師虘，入門，立
中廷。王乎(呼)宰曶易(賜)大師虘
虎裘。虘捧(拜)䭫(稽)首，敢對䫹(揚)天
子不(丕)顯休，用乍(作)寶𣪘(簋)。虘其
萬年永寶用。隹(唯)十又二年。

一〇五 楚簋

西周·中

隹（唯）正月初吉丁亥，王各（格）于康宮，仲倗父内（入）又（右）楚，立中廷。内史尹氏册命楚赤𤽄市（韍）、䜌（鑾）旂，取遄五寽，𤔲奔（葊）啚（鄙）官内師舟。楚敢拜（拜）手䭫（稽）首，對䫹（揚）天子不（丕）顯休，用乍（作）尊殷（簋），其子子孫孫萬年永寶用。

一〇六　免簋

西周·中

佳(唯)三月既生霸乙卯，王才(在)周，
令免乍(作)𤔲(司)土(徒)，𤔲奠(鄭)還𪷞眔(暨)
吴(虞)眔(暨)牧，易(賜)戠衣、䜌(鑾)。對䫉(揚)王休，
用乍(作)旅䵼彝。免其萬年永寶用。

一〇七　元年師旋簋

西周·中

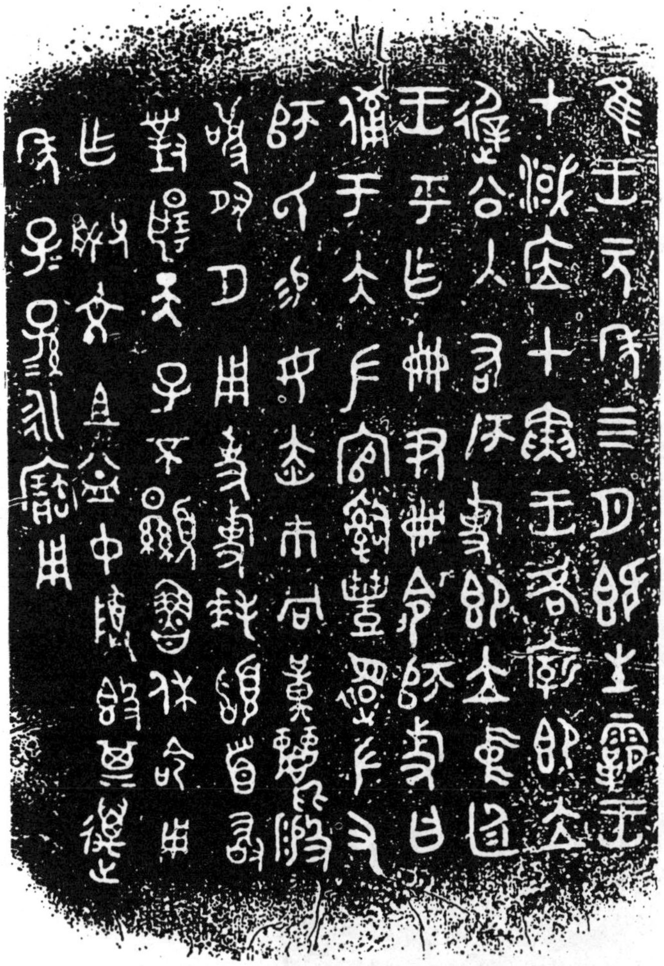

佳(唯)王元年四月既生霸，王
才(在)淢应。甲寅，王各(格)廟，即立(位)。
遟公入右師旋，即立中廷。
王乎(呼)乍(作)册尹册命師旋曰：
備于大左，官𤔲豐還左右
師氏，易(賜)女(汝)赤市(韍)、同(絅)黄(衡)、麗般(鞶)，
敬夙夕用事。旋𢷎(拜)䭫(稽)首，敢
對䫉(揚)天子不(丕)顯魯休命，用
乍(作)朕文且(祖)益仲尊毁(簋)。其邁(萬)
年子子孫孫永寶用。

一〇八　智簋

西周·中

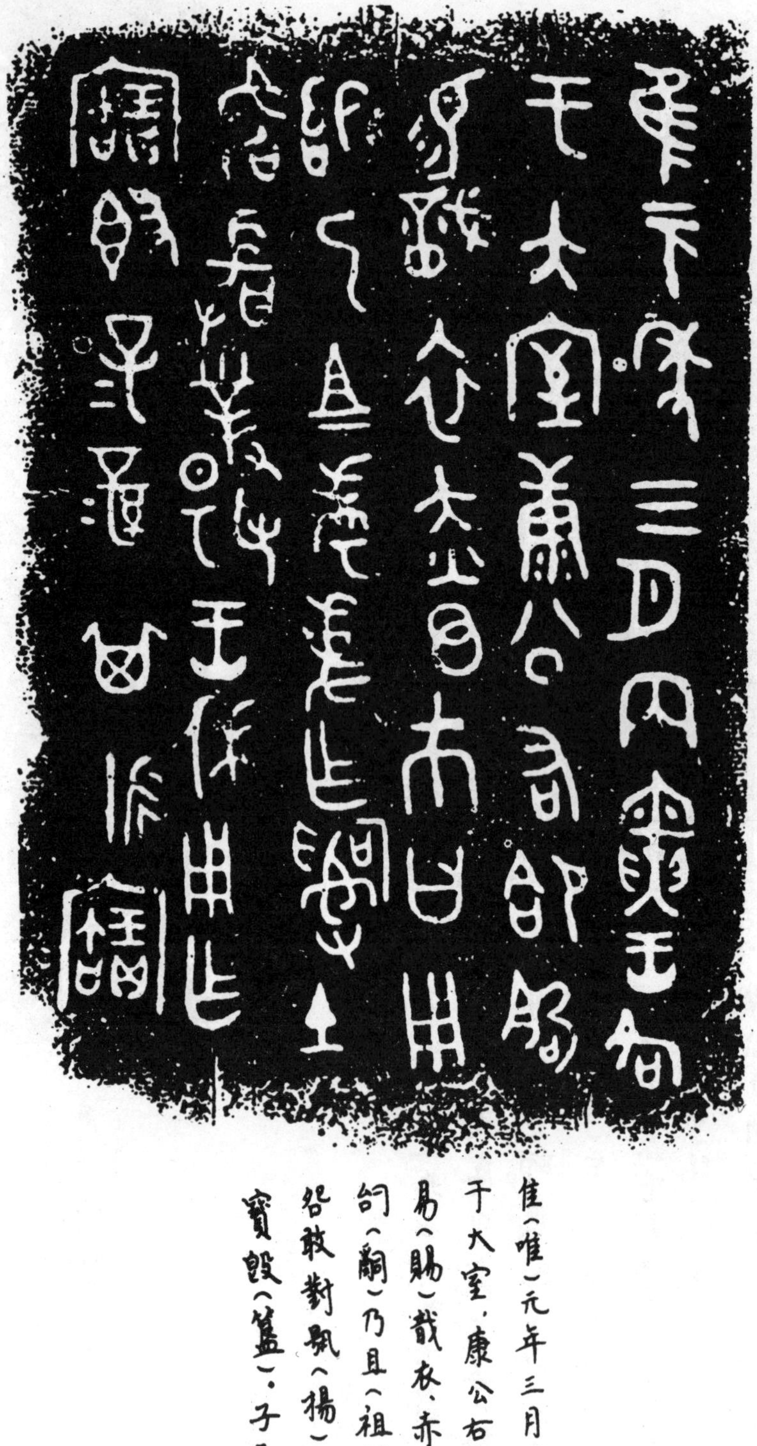

隹(唯)元年三月丙寅、王各(格)
于大室、康公右命智。
易(賜)戠衣、赤雝巿(韍)，曰：用
飼(嗣)乃且(祖)考事，乍(作)飼(司)土(徒)。
智敢對䰞(揚)王休，用乍(作)
寶殷(簋)，子子孫孫其永寶。

一〇九　五年師旋簋

西周·中

佳(唯)王五年九月既生霸
壬午，王曰：師旋，令女(汝)
羞追于齊，儕女(汝)毌五、
昜(鍚)登盾生皇(凰)畫內，戈
琱戚䋣必(柲)、彤沙，敬毋(毋)
敗速(績)。旋敢昜(揚)王休，用
乍(作)寶毁(簋)。子子孫孫永寶用。

二〇 大簋

西周·中

隹(唯)十又二年三月
既生霸丁亥，王才(在)䵼
㑊宮。王乎(呼)吴師召大，易(賜)
趞睽里。王令善夫豕曰趞睽
曰：余既易(賜)大乃里。睽賓豕章(璋)、
帛束。睽令豕曰天子：余弗敢
𢿢(吝)。豕以睽䠱(履)大易(賜)里。大賓
賓豕訊章(璋)、馬兩，賓睽訊
章(璋)、帛束。大攀(拜)䭬(稽)首，敢對
𩛥(揚)天子不(丕)顯休，用乍(作)
朕皇考剌(烈)白(伯)障
𣪘(簋)，其子子孫孫永寶用。

三 大鼎

西周·中

隹(唯)十又五年三月既霸丁
亥，王才(在)盤侲宮，大以厥友守。
王鄉(饗)醴，王乎(呼)善大(夫)騣召
大以厥友入攼(捍)。王召走馬雁
令取鯑騳卅二匹易(賜)大。大拜(拜)䭫(稽)
首，對䚄(揚)天子不(丕)顯休，用乍(作)
朕剌(烈)考己白(伯)盂鼎。大其
子子孫孫邁(萬)年永寶用。

二三　格伯簋

西周·中

隹(唯)正月初吉癸子(巳)，王才(在)成周。
格白(伯)取良馬乘于倗生，厥貯
卅田，則析。格白(伯)還(履)，殹妊彶(及)
仡厥從，格白(伯)安彶(逸)甸，殷
谷杜木，邍(遇)谷旅桑，涉東門。
厥書史戠武立盟成壁，
鑄保(寶)毁(簋)，用典格白(伯)田。其
邁(萬)年子子孫孫永保用。冊。

二三 𠑫匜

西周·中

隹(唯)三月既死霸甲申，王才(在)莽上宫。白(伯)𦖞(揚)
父迺成賢，曰：牧牛，𠭰乃可湛，女(汝)敢以乃
師訟，女(汝)上𠨘先誓。今女(汝)亦既又(有)𩖭(御)誓，尃
趞嗇覷𠑫寽(造)，亦兹五夫，亦既𩖭(御)乃誓。女(汝)
亦既從𨐨(辭)從誓，弋(式)可。我義(宜)㑊(鞭)女(汝)千，𪉷𪉷
女(汝)，今我赦(赦)女(汝)。義(宜)㑊(鞭)女(汝)千，黜𪉷女(汝)，今大赦(赦)

女(汝)，俊(鞭)女(汝)五百，罰女(汝)三百寽。白(伯)颺(揚)
父廼或吏(使)牧牛誓曰：自今
余敢夒(擾)乃小大事，乃師或以
女(汝)告，則到，乃俊(鞭)千，𪓐𪓐。牧
牛則誓。厥以告吏𠢁、吏曶
于會。牧牛辭誓成，罰金。㑞(儣)
用乍(作)旅盉。

二四 曶鼎

西周·中

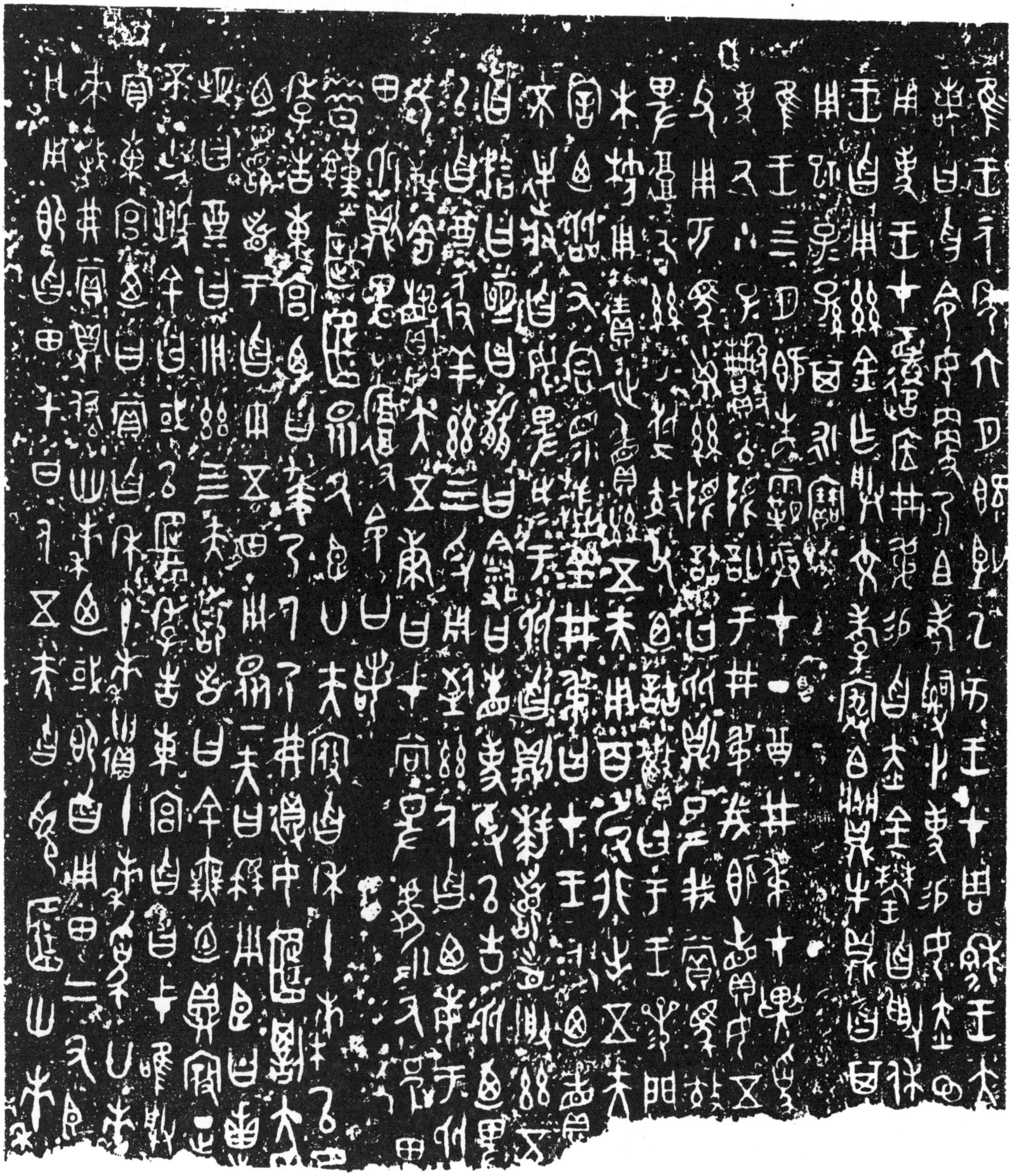

佳(唯)王元年六月既望乙亥，王才(在)周穆
王大室，国
若曰：曶，令女(汝)更乃且(祖)考嗣卜事，易(賜)
女(汝)赤雍市(韍)、旂，
用事。王才(在)遹应，井(邢)叔易(賜)曶赤金、
鬱(鬱)，曶受休令于
王，曶用丝(兹)金乍(作)朕文孝(考)宄白(伯)䵼
牛鼎，曶其萬年
用祀，子子孫孫其永寶。
佳(唯)王四月既省(生)霸，辰才(在)丁酉，井(邢)
叔才(在)異，為□，□
吏(使)厥小子𩘹以限訟于井(邢)叔：我既賣(贖)
女(汝)五夫效
父用匹馬束絲，限誥(許)曰：𩘹則卑(俾)我賞(償)
馬，效父則
卑(俾)復厥絲束。𩘹、效父迺誥(許)𩘹曰：于王參門□□
木榜，用償，征(延)賣(贖)茲五夫，用百寽，非出五
夫□□
稽，迺𩘹又稽眔(暨)趞金。井(邢)叔曰：才(在)
王人迺賣(贖)□□
不逆付曶，毋(毋)卑(俾)弍于𩘹。曶則拜(拜)
頴(稽)首，受茲五夫：

曰陪，曰恒，曰棘，曰歸，曰省，吏(使)寽以告𩘹，迺
卑(俾)□
以曶酉(酒)彶(及)羊、絲三寽，用𦤶(致)茲人。
曶迺每(誨)于𩘹曰：
女(汝)其舍𩘹矢五秉，曰：弋(式)尚卑(俾)處
厥邑，田厥
田。𩘹則卑(俾)□復厥令，曰：若。
昔饉歲，匡眔厥臣廿夫寇曶禾十秭，以匡
季告東宮，東宮迺曰：求乃人，乃弗得，女(汝)匡
罰大。匡
迺頴(稽)首于曶，用五田，用眔一夫曰嗌，用臣曰疐、回
朏(朏)、曰奠，曰：用茲四夫頴(稽)首。曰：余無逌(攸)
具寇足秭，
不□鞭余，曶或以匡季告東宮。曶曰：弋(式)唯
朕禾是
賞(償)。東宮迺曰：賞(償)曶禾十秭，遺十秭，為
廿秭，
來歲弗賞(償)，則付四十秭。迺或即曶，用田二，
又臣一夫，
凡用即曶田七田、人五夫。曶覓(免)匡卅秭。

一一五 師遽簋

西周·中

隹(唯)王三祀四月既生
霸辛酉，王才(在)周，客新宮。
王征(延)正師氏，王乎(呼)師
朕易(賜)師遽貝十朋。遽捧(拜)
䭫(稽)首，敢對䬗(揚)天子不(丕)
杯休，用乍(作)文考旄叔
尊毁(簋)，世孫子永寶。

二六　無㠱簋

西周·晚

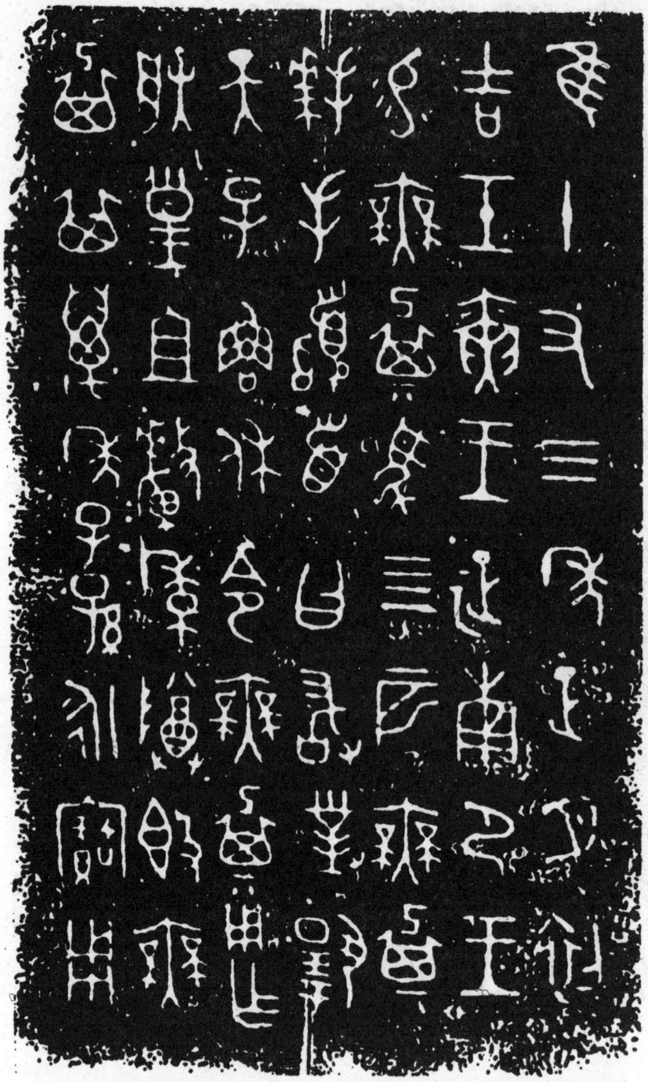

隹(唯)十又三年正月初
吉壬寅，王征南尸(夷)。王
易(賜)無㠱馬四匹。無㠱
拜(拜)手䭫(稽)首，曰：敢對𩙿(揚)
天子魯休令。無㠱用乍(作)
朕皇且(祖)釐季尊殷(簋)，無
㠱其萬年子孫永寶用。

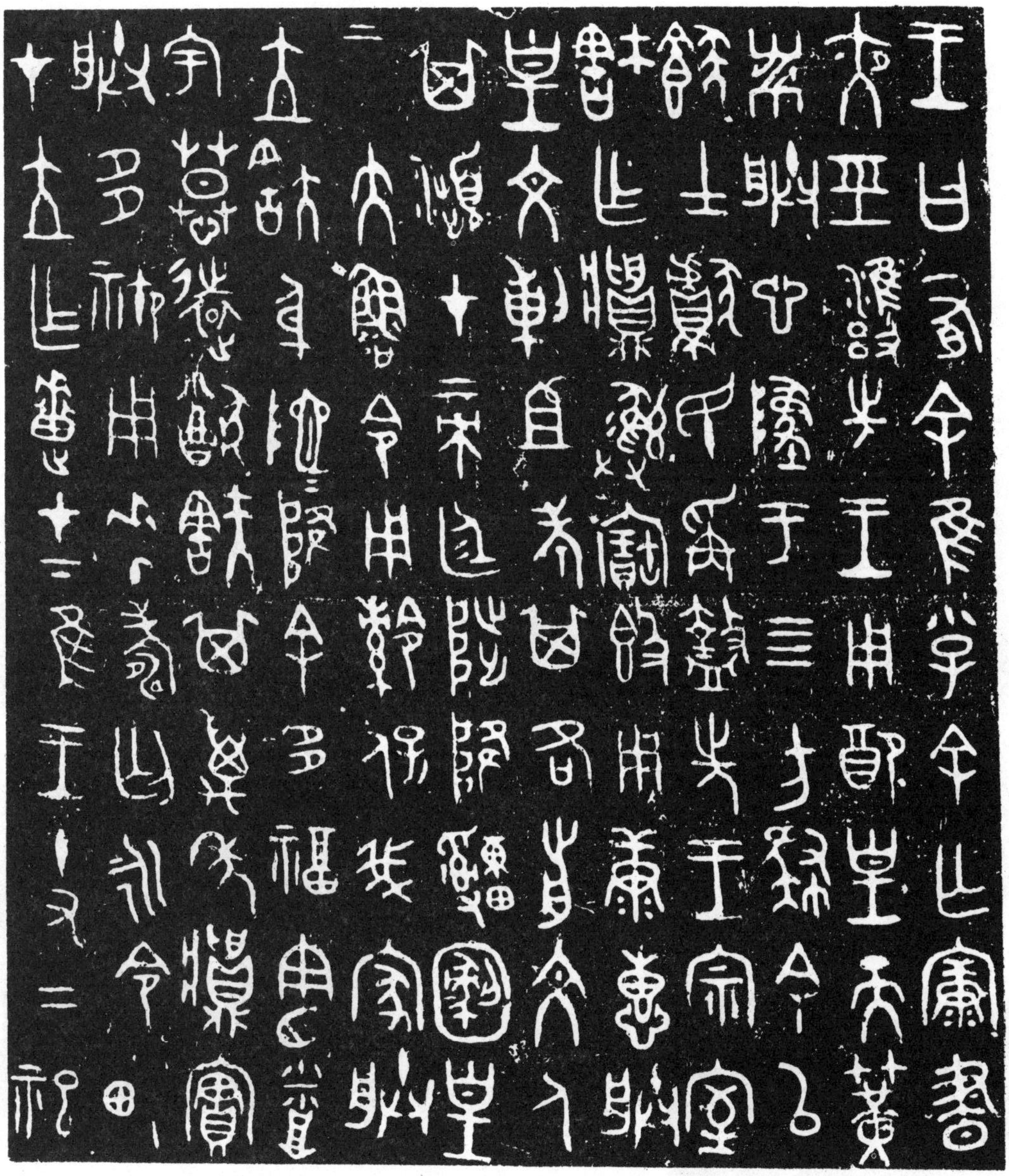

二七 㝬簋

西周·晚

王曰：有余隹（唯）小子，余亡（無）康晝
夜，巠（經）雝先王，用配皇天，簧
甫朕心，墜（遂）于四方。緯（肆）余以
餕（逸）士獻民，爯盩先王宗室。
㝬（胡）乍（作）䵼彝寶𣪘（簋），用康惠朕
皇文剌（烈）且（祖）考，其各（格）前文人。
其瀕才（在）帝廷陟降，𤕌（緟）圝（恪）皇
上帝大魯令，用黔（給）保我家，朕
立（位）、㝬（胡）身，阤阤降余多福，富（憲）烝
宇慕（謀）遠猷。㝬（胡）其萬年，䵼寶
朕多御，用奉壽，匄永令，畯
才（在）立（位），乍（作）疐才（在）下。隹（唯）王
十又二祀。

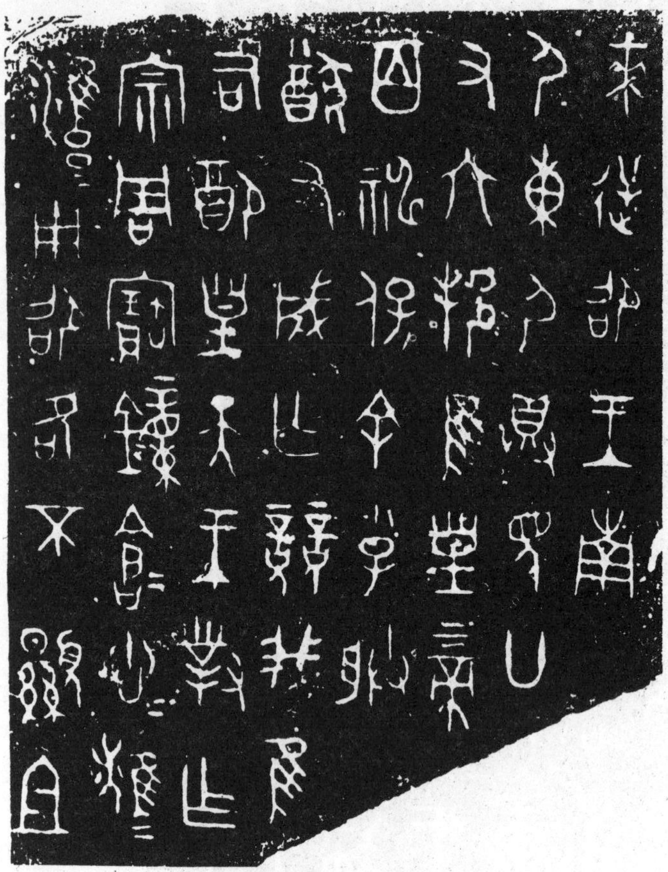

二八 㝬鐘

西周·晚

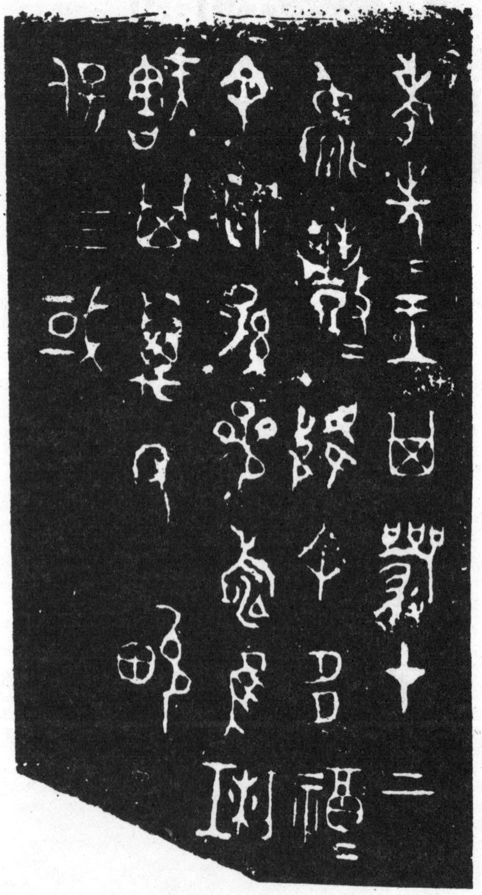

王肇遹省文武堇(勤)疆
土。南或(國)𠬝(服)孳敢臽(陷)虐
我土，王𦎫(敦)伐其至，戭(撲)
伐厥都。𠬝(服)孳迺遣閒
來逆卲(昭)王。南
尸(夷)、東尸(夷)具見，廿
又六邦。隹(唯)皇上帝
百神，保余小子，朕
猷又(有)成，亡(無)競，我隹(唯)
司配皇天。王對乍(作)
宗周寶鐘，倉悤倉悤，雔
雔雔，用卲(昭)各(格)不(丕)顯且(祖)
考先王。先王其嚴才(在)上，
睪(澤)睪(澤)數數，降余多福，福
余順孫，參(叁)壽隹(唯)琍(利)。
㝬(胡)其萬年，畯保四或(國)。

二九 不期簋

西周·晚

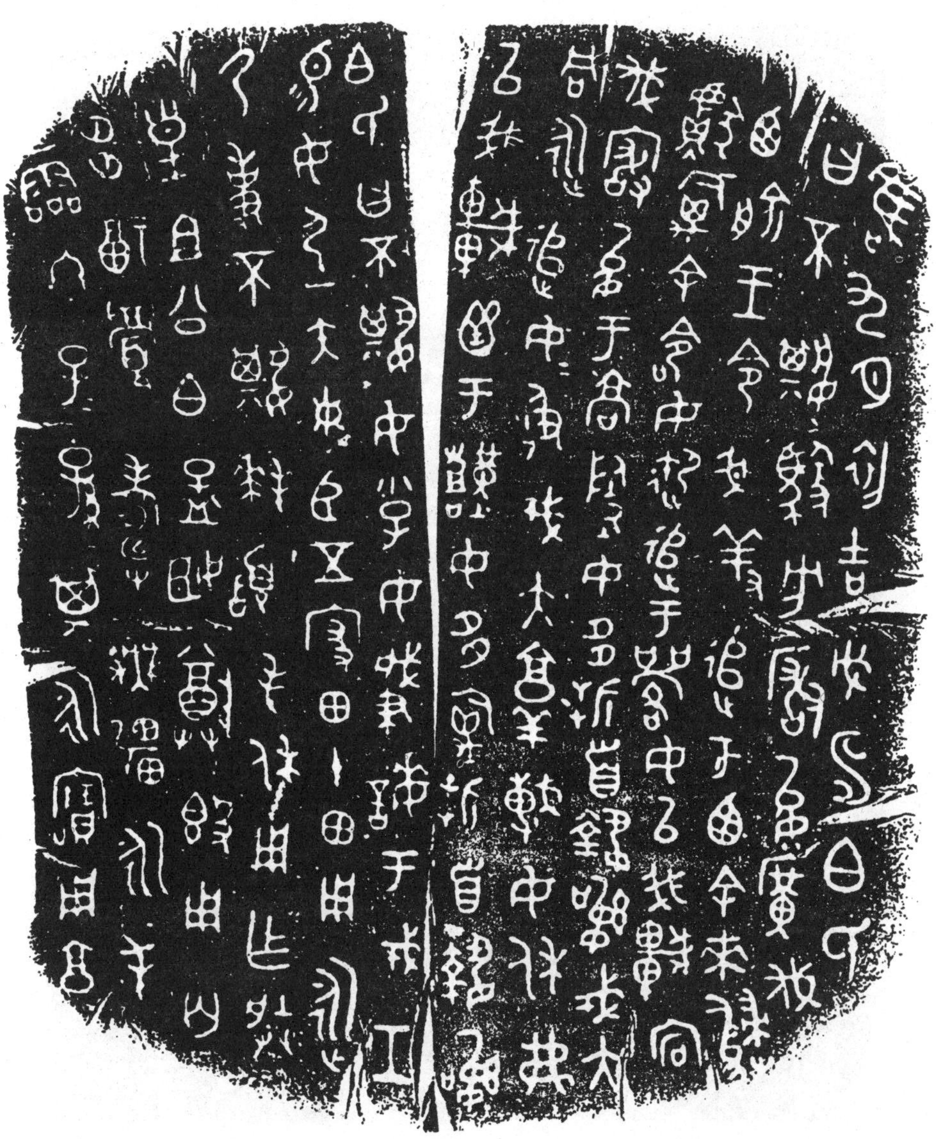

唯九月初吉戊申，白(伯)氏
曰：不㝬(期)，駿(馭)方、厰(玁)允(狁)廣伐
西俞，王令我羞追于西，余來歸
獻禽(擒)。余命女(汝)御追于畧，女(汝)以我車宕
伐𤞤(玁)允(狁)于高陶(陶)，女(汝)多折首執訊，戎大
同，永(永)追女(汝)，女(汝)彶(及)戎大臺(敦)戟(搏)，
女(汝)休，弗
以我車圅(陷)于蘘(艱)，女(汝)多禽(擒)，折首執訊。
白(伯)氏曰：不㝬(期)，女(汝)小子，女(汝)肇誨(敏)于戎工，
易(賜)女(汝)弓一、矢束、臣五家、田十田，用從(永)
乃事。不㝬(期)拜(拜)稽(稽)手，休，用乍(作)朕
皇且(祖)公白(伯)、孟姬障殷(簋)，用匄
多福，釁(眉)壽無疆，永屯(純)
霝終。子子孫孫其永寶用享。

一二〇 多友鼎

西周·晚

唯十月，用嚴（玁）㺜（狁）放瘨（興），實（廣）伐京𠂤（師），告追于王，命武公遣乃元士羞追于京𠂤（師），武公命多友逹（率）公車羞追于京𠂤（師）。癸未，戎伐筍，衣孚（俘），多友西追。甲申之晨，搏（搏）于邾（漆），多友右，折首執訊，凡以公車折首二百又□又五人，執訊廿又三人，孚（俘）戎車百乘一十又七乘，衣復筍人孚（俘）。或搏（搏）于龔，折首卅又六人，執訊二人，孚（俘）車十乘。從至追搏（搏）于世，多友或右，折首執訊。乃𨅪（軼）追至于楊冢，公車折

首百又十又五人，執訊三人，唯孚（俘）
車不克以，衣焚，唯馬歐（驅）𧶜，復
奪京𠂤（師）之孚（俘），多友迺獻孚（俘）、䤋、訊
于公，武公迺獻于王，迺曰武公曰：女（汝）既
靜京𠂤（師），釐（賚）女（汝），易（賜）女（汝）土田，丁
酉，武公
才（在）獻宮，迺命向父佋（召）多友，迺徙
于獻宮，公窺（親）曰多友曰：余肇吏（使）
女（汝），休，不逆（逆），又（有）成事，多禽（擒），女（汝）
靜京
𠂤（師），易（賜）女（汝）圭瓚（瓚）一、湯（鍚）鐘
一㛸（肆）、鐈
鎣百匀（鈞），多友敢對揚（揚）公休，用乍（作）𨾊
鼎，用倗（朋）用畜（友），其子子孫永寶用。

一三一　虢季子白盤

西周·晚

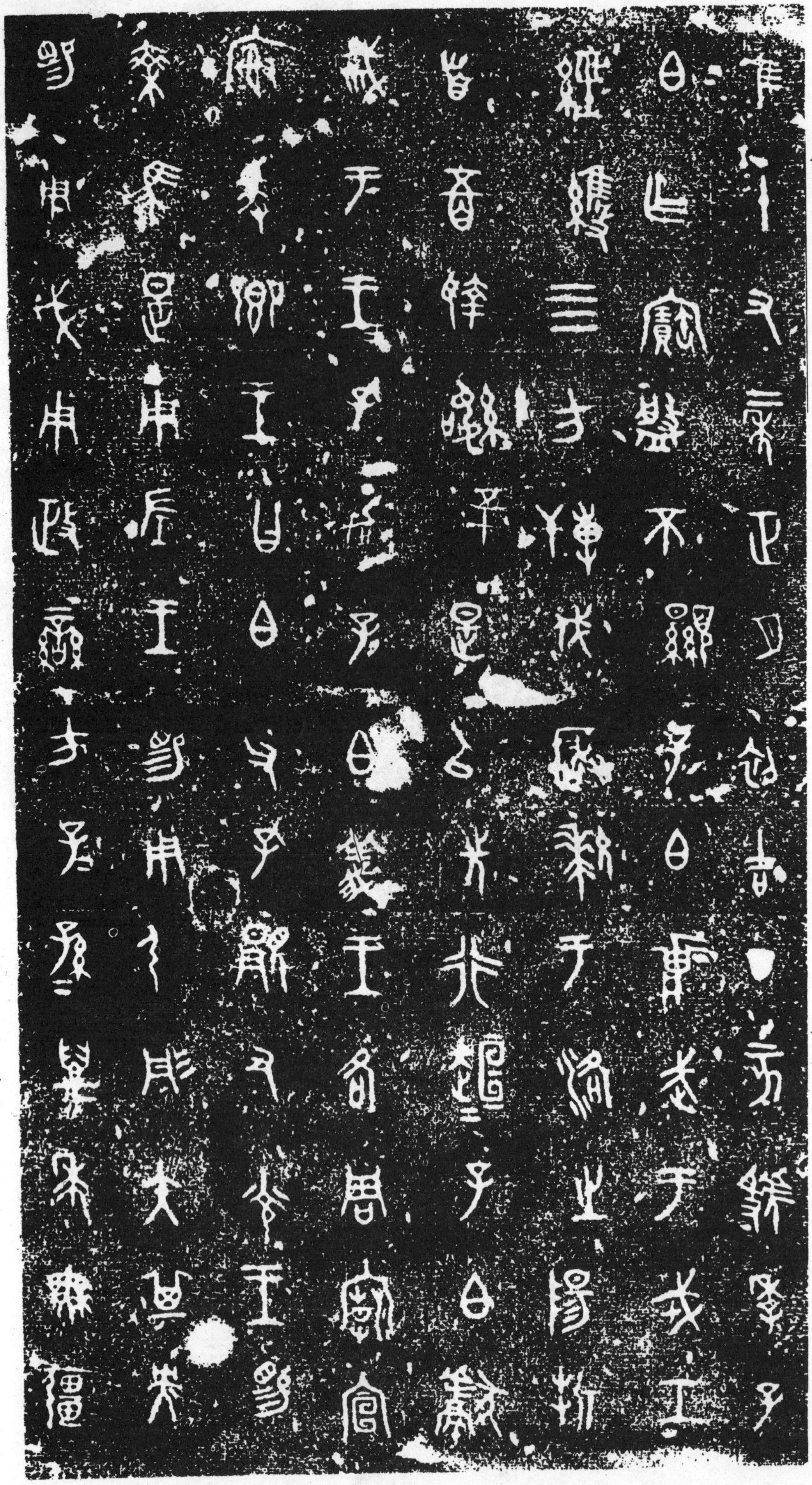

隹(唯)十又二年正月初吉丁亥，虢季子白乍(作)寶盤。不(丕)顯子白，𢦚(壯)武于戎工，經縷(維)四方。博(搏)伐厰(玁)執(狁)，于洛之陽。折首五百，執訊五十，是以先行。𧻚𧻚子白，獻戒(馘)于王。王孔加子白義。王各(格)周廟宣廟，爰鄉(饗)。王曰：白父，孔覜(顯)又(有)光。王賜(賜)乘馬，是用左(佐)王。賜(賜)用弓彤矢，其央。賜(賜)用戉(鉞)，用政(征)蠻(蠻)方。子子孫孫，萬年無疆。

一三二 虢文公子𠭯鼎

西周·晚

虢文公子𠭯
乍（作）叔妃鼎，其
萬年無疆，子
孫孫永寶用享。

一三三 虢叔旅鐘

西周·晚

虢叔旅曰：不(丕)顯皇考叀(惠)叔，
穆穆秉元明德，御于厥辟，㝵(得)
屯(純)亡(無)敃(尤)。旅敢啓(肇)帥井(型)皇考
威義(儀)，虘(吾)御于天子。卣(攸)天子
多易(賜)旅休，旅對天
子魯休𩛥(揚)，用乍(作)朕皇
考叀(惠)叔大禁(林)龢鐘。
皇考嚴才(在)上，異(翼)才(在)下，
數數彙(澤)彙(澤)，降旅多福。旅其
萬年子子孫孫永寶用享。

三四 此鼎

西周·晚

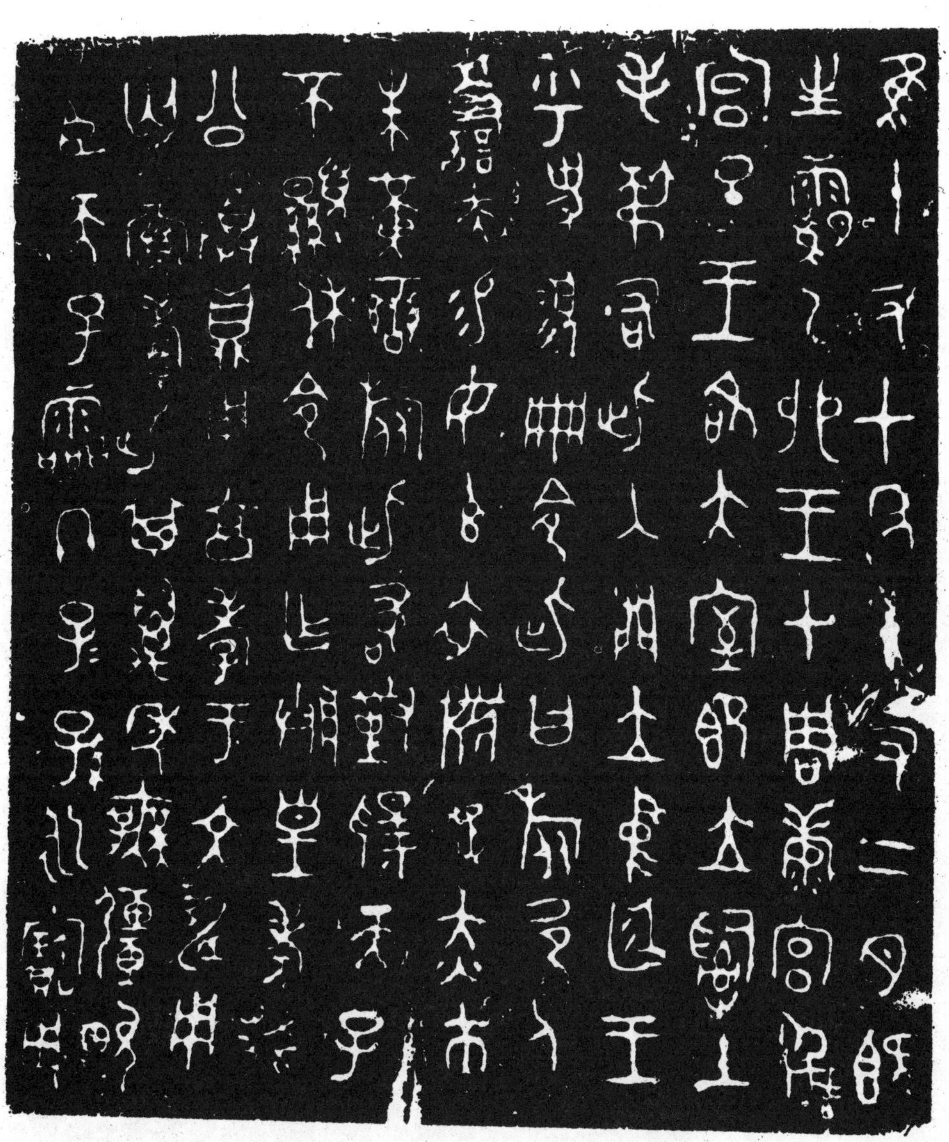

隹（唯）十又七年十又二月既
生霸乙卯，王才（在）周康宮徲（遲）
宮。旦，王各（格）大室，即立（位）。𤔲（司）土（徒）
毛叔右此入門，立中廷。王
乎（呼）史翏冊令（命）此曰：旅邑人
善夫，易（賜）女（汝）玄衣黹屯（純）、赤市（韍）、
朱黃（衡）、䜌（鑾）旂（旗）。此敢對𩛥（揚）天子
不（丕）顯休令，用乍（作）朕皇考癸
公𨻰鼎，用享孝于文申（神），用
匄覺（眉）壽。此其萬年無疆，畯
臣天子霝終。子子孫孫永寶用。

一三五 無叀鼎

西周·晚

隹(唯)九月既望甲戌，王各(格)
于周廟，述(遂)于圖室。嗣(司)徒
南仲右無叀，內(入)門，立中廷。
王乎(呼)史翏冊令無叀曰：
官嗣𠂤王遉側虎臣，易(賜)
女(汝)玄衣黹屯(純)，戈琱戟，緱
必(柲)、彤沙，攸(鋚)勒，縊(鑾)旂。無叀
敢對揚(揚)天子不(丕)顯魯休，用
乍(作)𢔶鼎，用享于朕剌(烈)考，用
割(匄)釁(眉)壽，萬年子孫永寶用。

一三六 仲義父鼎 西周·晚

仲義父乍(作)新
客寶鼎，其子子
孫孫永寶用享。

一三七 犀伯魚父鼎 西周·晚

犀白(伯)魚父乍(作)
旅鼎，其萬年
子子孫孫永寶用。

一三八 輔伯雁父鼎 西周·晚

輔白(伯)雁父乍(作)
豐孟媜賸鼎，
子子孫孫永寶用。

一二九　伯荒父鼎　西周·晚

大（太）師小子白（伯）荒父乍（作）寶鼎，其萬年子子孫孫永寶用。

一三〇　函皇父鼎　西周·晚

函皇父乍（作）琱娟隮兔鼎，子子孫孫其永寶用

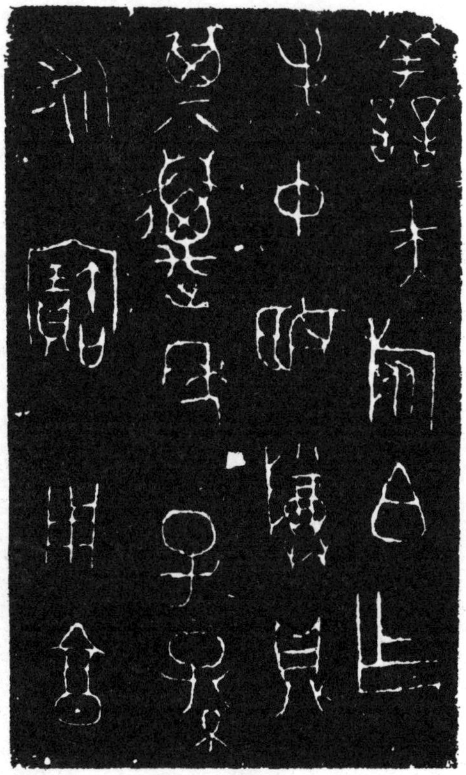

一三一 善夫旅伯鼎

西周·晚

善夫旅白（伯）乍（作）毛仲姬障鼎，其邁（萬）年子孫永寶用享。

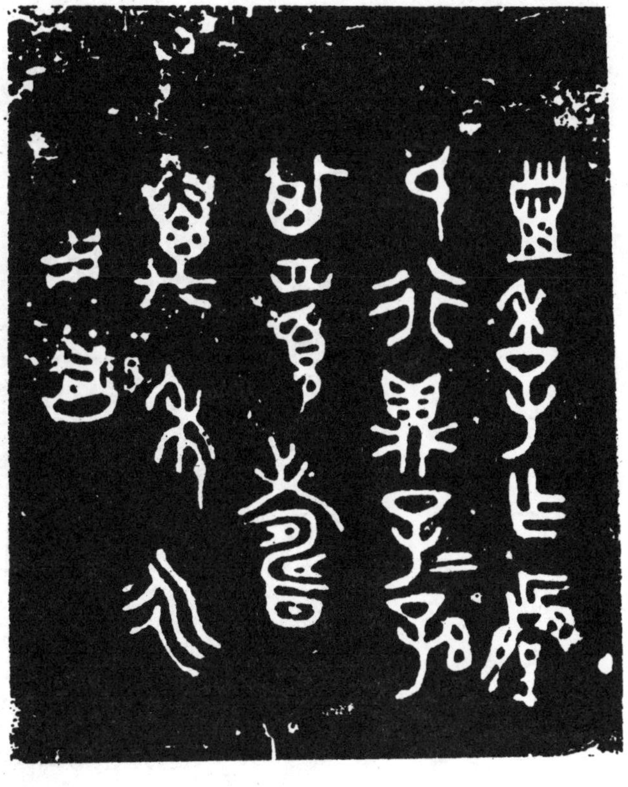

一三二 [illegible]季鼎

西周·晚

[illegible]季乍（作）嬴氏行鼎，子子孫其釁（眉）壽萬年永用享。

一三三 伯吉父鼎

西周·晚

隹(唯)十又二月初
士(吉)，白(伯)士(吉)父乍(作)毅
尊(障)鼎，其萬年
子子孫，永寶用。

一三四 懋鼎

西周·晚

南公有嗣(司)朁(懋)
乍(作)障鼎，其萬
年子子孫孫，永寶
用享于宗廟。

一三五 伯頵父鼎

西周·晚

白（伯）頵父乍（作）朕
皇考屖白（伯）、吳姬、
寶鼎，其邁（萬）年
子子孫孫永寶用。

一三六 伯鮮鼎

西周·晚

隹（唯）正月初吉
庚午，白（伯）鮮
乍（作）旅鼎，用
享孝于文且（祖），
子子孫孫永寶用。

一三七　𣄰叔樊鼎　西周·晚

𣄰叔樊乍(作)昜姚
寶鼎，用享孝于
朕文且(祖)，其萬年
無疆，子子孫孫永寶用。

三八　諆鼎　西周·晚

諆肇乍(作)其皇考、
皇母、者(諸)比(妣)君䵼
鼎，諆其萬年釁(眉)
壽，子子孫孫永寶用享。

一三九

散伯車父鼎

西周·晚

隹(唯)王四年八月初吉
丁亥，㪔(散)白(伯)車父乍(作)
邢姞障鼎，其邁(萬)
年子子孫孫永寶。

一四〇 仲師父鼎

西周·晚

仲師父乍（作）季妵
始（姒）寶障鼎，其用
享用考（孝）于皇且（祖）、
帝（嫡）考，用易（賜）釁（眉）壽
無疆，其子子孫萬
年永寶用享。

一四一 梁其鼎

西周·晚

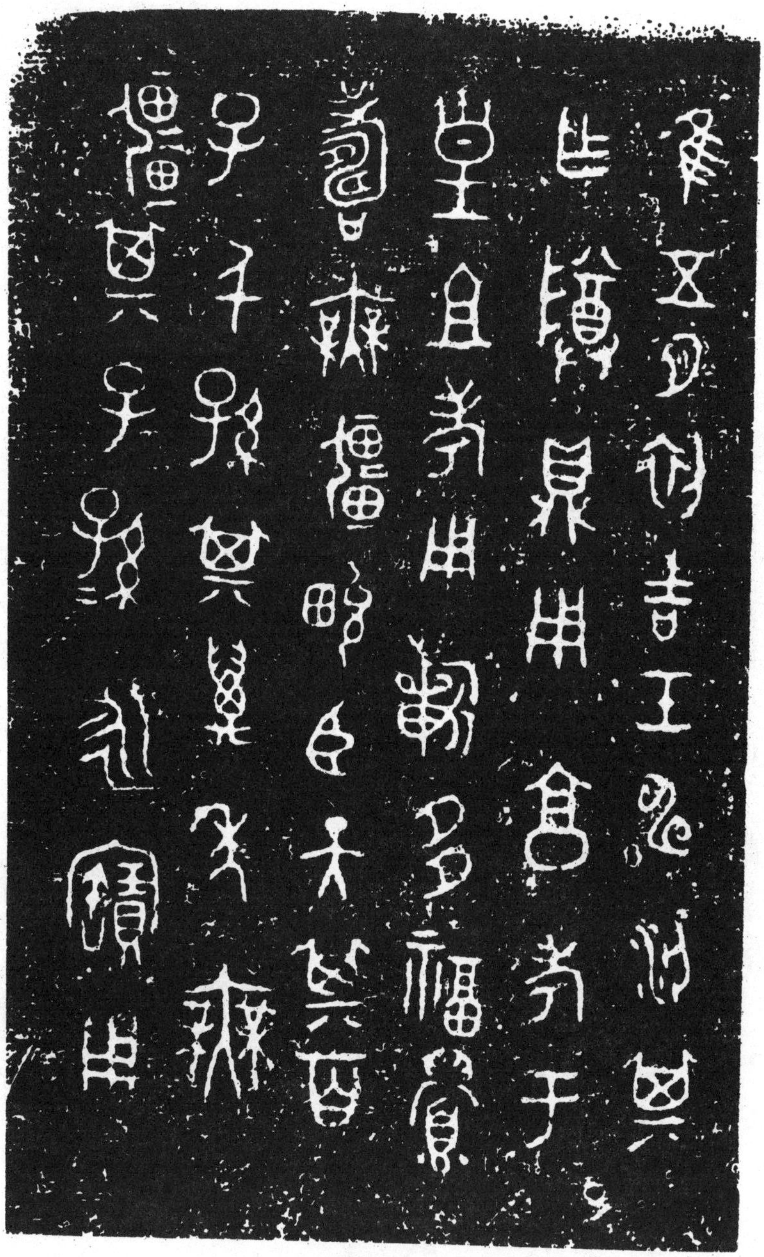

隹(唯)五月初吉壬申，汈(梁)其
乍(作)隣鼎，用享孝(孝)于
皇且(祖)、考，用𣪘(祈)多福，釁(眉)
壽無疆，畯臣天，其百
子千孫，其萬年無
疆，其子子孫孫永寶用。

一四二 梁其鐘

西周·晚

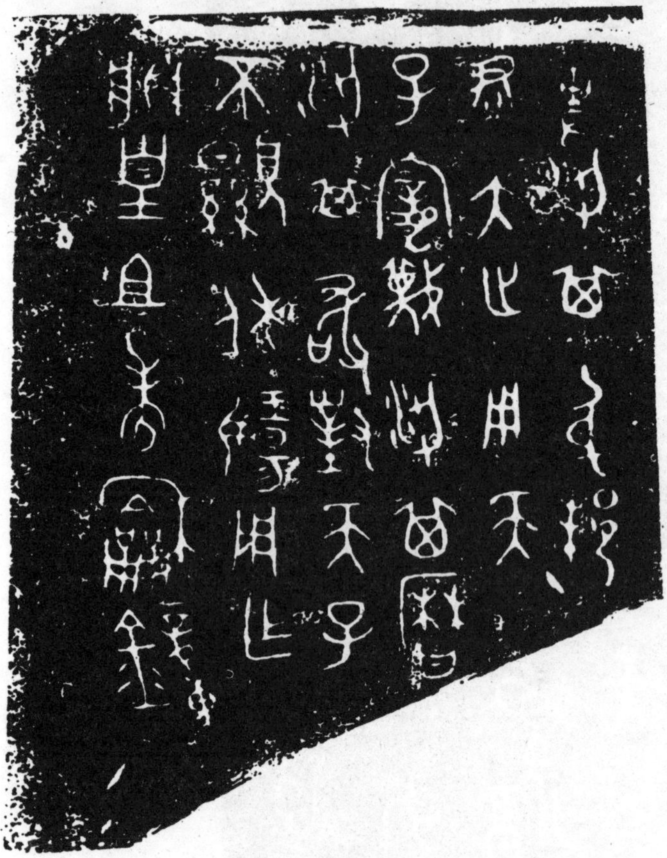

汈(梁)其曰：不(丕)顯皇且(祖)、考穆穆異(翼)、
克悊(哲)厥德，辳(農)臣先王，𢔶(得)屯(純)
亡(無)訧(尤)。汈(梁)其肇帥井(型)皇且(祖)、考，
秉明德，虔夙夕，辟天子。天子肩
吏(使)汈(梁)其身，邦
君大之，用天
子寵，蔑汈(梁)其曆。
汈(梁)其敢對天子
不(丕)顯休颺(揚)，用乍(作)
朕皇且(祖)、考龢鐘。

一四三　柞鐘

西周·晚

隹(唯)王三年四月初吉甲寅，
仲大師右柞。柞易(賜)戴、朱黃(衡)、䜌(鑾)，
嗣五邑甸人事。柞捧(拜)手，對
䍙(揚)仲大師休，
用乍(作)大鐳(林)鐘。
其子子孫孫永寶。

一四四　師臾鐘　西周·晚

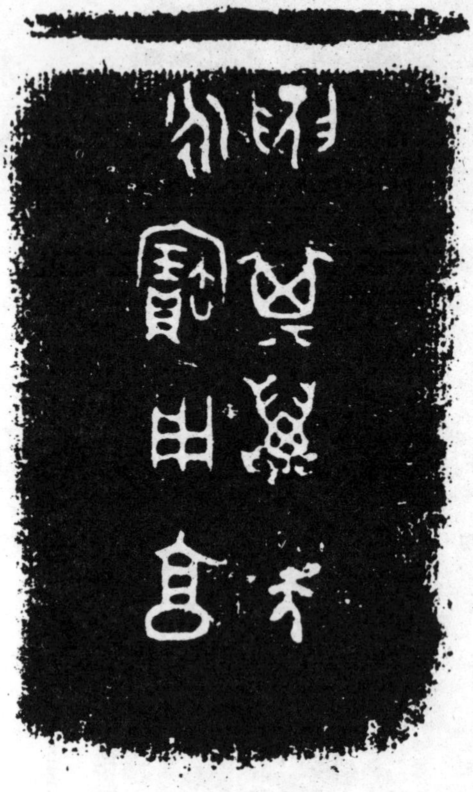

師臾肇乍(作)朕剌(烈)且(祖)虢季寬
公幽叔、朕皇考德叔大薔(林)
鐘、用喜侃前文人、用旂(祈)屯(純)
魯永令、用匄釁(眉)壽無疆。師
臾其萬年
永寶用享。

一四五 𧼯鼎

西周·晚

隹(唯)十又九年四月既望辛
卯，王才(在)周康邵(昭)宮，各(格)于大
室，即立(位)。宰訊右𧼯，入門，立
中廷，北鄉(嚮)。史留受王令
書，王乎(呼)内史䚄册易(賜)𧼯
玄衣屯(純)黹、赤市(韍)、朱黄(衡)、䜌(鑾)
旂，攸(鋚)勒，用事。𧼯𢷎(拜)䭬(稽)首，
敢對䛒(揚)天子不(丕)顯魯休，用
乍(作)朕皇考𪒠(釐)白(伯)、奠(鄭)姬寶鼎。
其覺(眉)壽萬年，子子孫孫永寶。

一四六　鬲攸比鼎

西周·晚

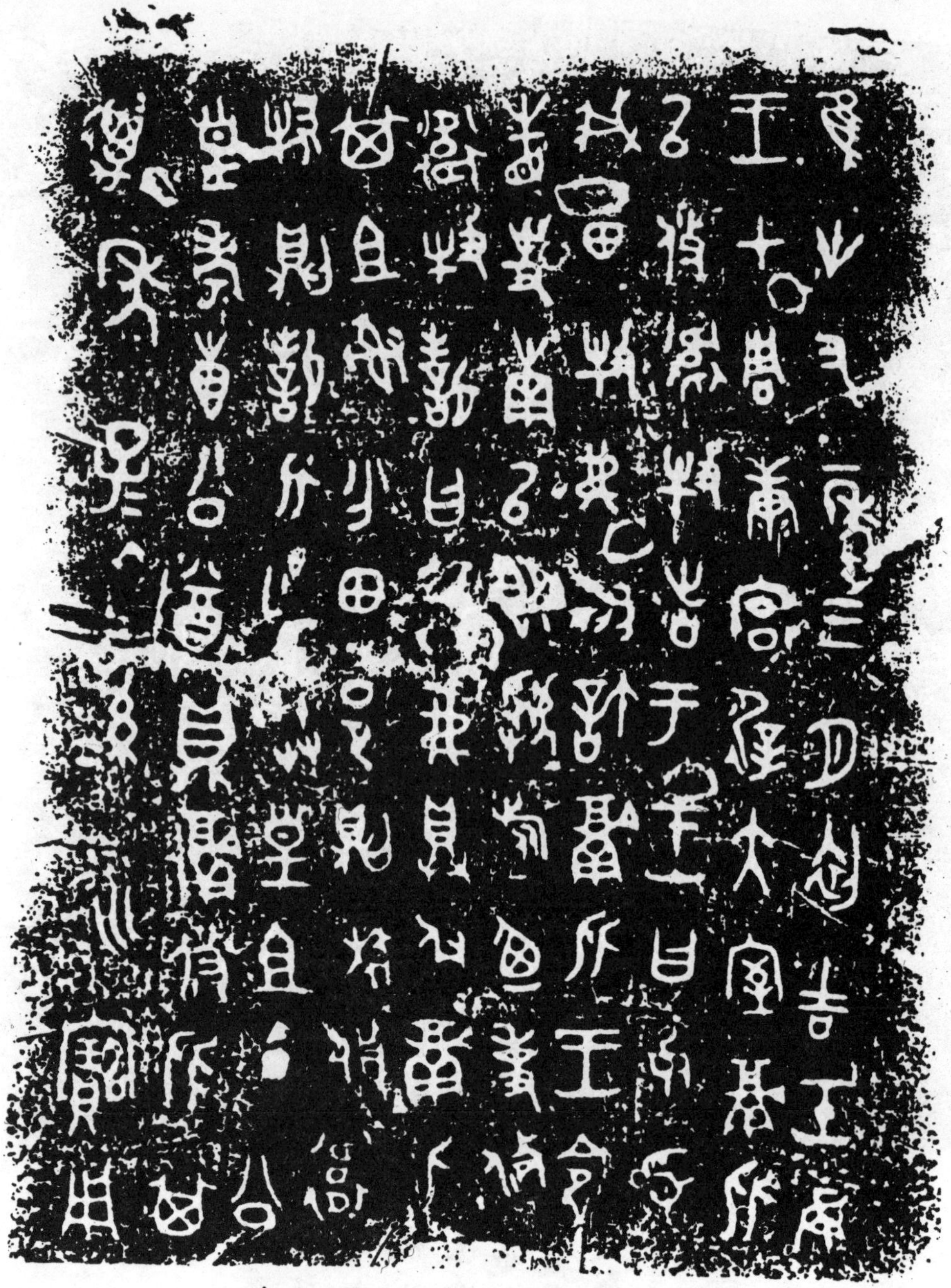

隹(唯)卅又一年三月初吉壬辰，王才(在)周康宮徲(遲)大室。鬲比以攸衛牧告于王，曰：女(汝)𠬪(付)我田，牧弗能許鬲比。王令省，史南以即虢旅。虢旅廼吏(使)攸衛牧誓曰：[我]弗具攸鬲比其且射分田邑，則放。攸衛牧則誓。比乍(作)朕皇且(祖)丁公、皇考叀(惠)公⿰阝尊鼎。鬲攸比其萬(萬)年子子孫孫永寶用。

一四七 虎叔多父盤

西周·晚

虎叔多父乍（作）朕皇考季氏
寶殳（盤），用易（賜）屯（純）彔（祿），受害（遐）福，用
及孝婦嫘氏，百子千孫孫，其
叓（使）虎多父𧷸（眉）壽丂（考），叓（使）利于
辟王、卿事、師尹、倗（朋）友、兄弟、
者（諸）子、婚冓（媾），無不喜曰：𠪚（敢）又（有）
父母，多父其孝子。乍（作）茲寶
殳（盤），子子孫孫永寶用。

一四八 伯公父簋

西周·晚

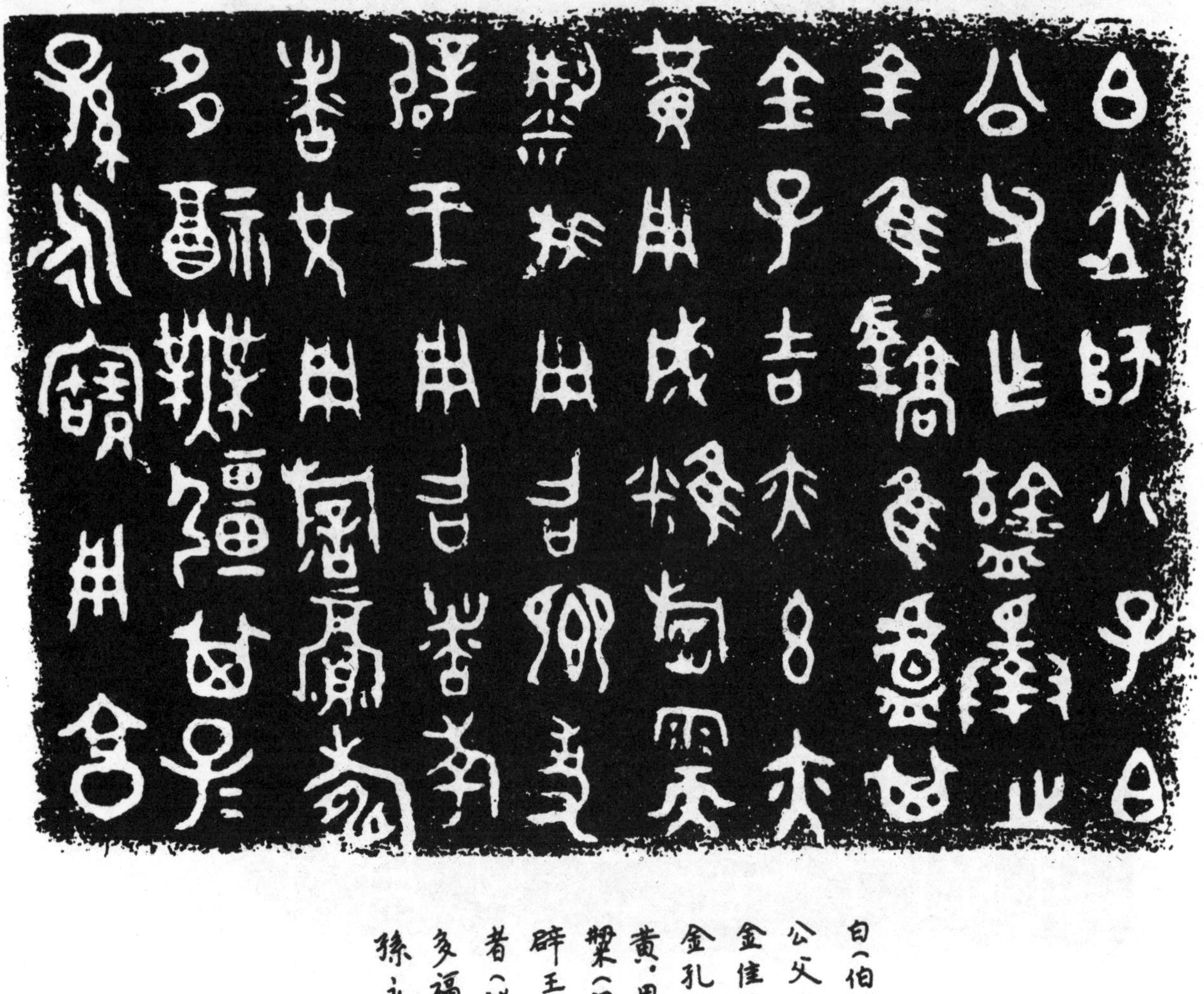

白(伯)大師小子白(伯)
公父乍(作)䈞(簠)。擇之
金隹(唯)鐈隹(唯)盧(鑪),其
金孔吉,亦玄亦
黃。用成(盛)糕(糕)稻(稻)需(糯)
粱(粱),我用召卿事、
辟王,用召者(諸)考、
者(諸)兄,用旛(祈)釁(眉)壽
多福無疆。其子子
孫永寶用享。

一四九 師兑簋

西周·晚

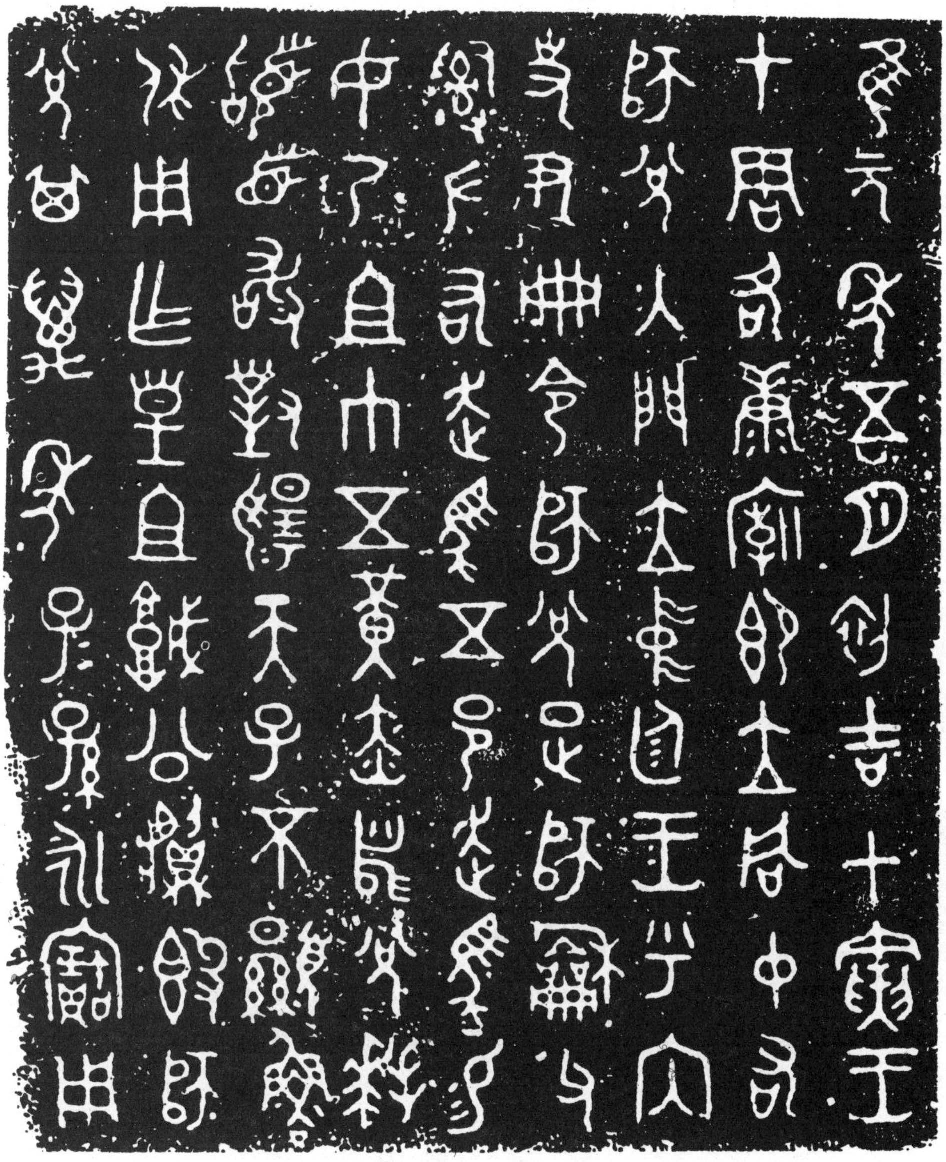

隹(唯)元年五月初吉甲寅，王才(在)周，各(格)康廟，即立(位)。同仲右師兑，入門，立中廷。王乎(呼)内史尹册令師兑：疋(胥)師龢父，嗣左右走馬、五邑走馬。易(賜)女(汝)乃且(祖)市(韍)、五黄(衡)、赤舄。兑捧(拜)䭫(稽)首，敢對䣊(揚)天子不(丕)顯魯休，用乍(作)皇且(祖)䢵(城)公䕞毁(簋)。師兑其萬年子子孫孫永寶用。

一五〇 師寰簋

西周·晚

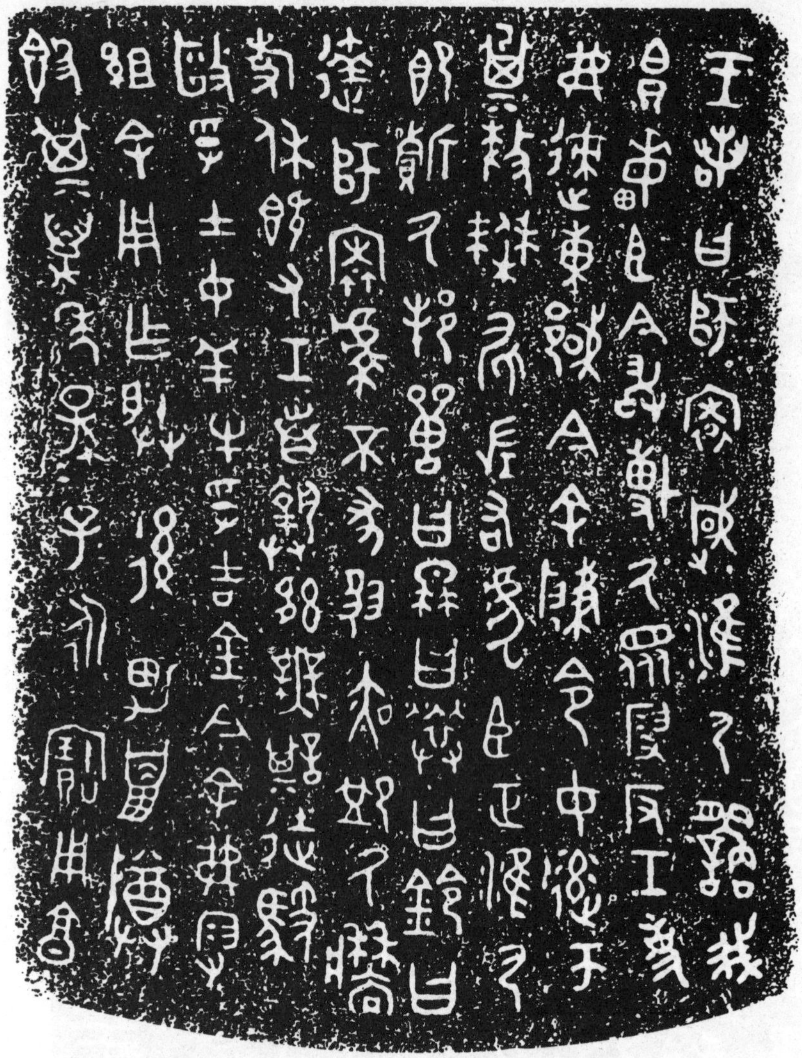

王若曰：師寰，𢦚！淮尸（夷）繇（舊）我
貝畮臣，今敢博厥眾叚，反厥工（貢）事，
弗速（蹟）我東鄭（國）。今余肇令女（汝）逹（率）齊帀（師）、
㠱（紀）、釐、僰，屌（殿）左右虎臣正（征）淮尸（夷），
即質厥邦嘼：曰冉、曰葬、曰鈴、曰
達。師寰虔不彖（墜），夙夜卹厥牆
事，休既又（有）工（功），折首執訊，無諆徒馭（馭），
敺（驅）孚（俘）士女羊牛，孚（俘）吉金。今余弗叚
組，余用乍（作）朕後男巤尊
毀（簋），其萬年孫孫子子永寶用享。

一五一　師嫠簋

西周·晚

隹(唯)十又一年九月初吉丁亥，
王才(在)周，各(格)于大室，即立(位)，宰琱
生内(入)右師嫠。王乎(呼)尹氏册令師
嫠。王曰：師嫠，才(在)[昔]先王小學女(汝)，女(汝)敏
可吏(使)，既令女(汝)更乃且(祖)考嗣，
今余唯離(緟)𩫏(就)乃令，令女(汝)嗣(司)乃
且(祖)舊官小輔鼓鐘。易(賜)女(汝)叔市(韍)、
金黄(衡)、赤舄、攸(鋚)勒，用事。夙夜勿
灋(廢)朕令。師嫠拜(拜)手頧(稽)首，敢
對䵼(揚)天子休，用乍(作)朕皇
考輔白(伯)障(尊)殷(簋)。嫠其萬(萬)
年子子孫孫永寶用。

一五二 師同鼎

西周·晚

𣪕畀其井，師同從。
折首執訊，孚（俘）車馬
五乘、大車廿、羊百，刺（梨）。
用徃（告）王。羞于𢦏，孚（俘）戎
金會卅、戎鼎廿、鋪
五十、鐱（劍）廿。鑄茲䵼
鼎，子子孫孫其，永寶用。

一五三 史頌鼎

西周·晚

隹（唯）三年五月丁子（巳），王才（在）宗
周，令史頌僊（省）穌（蘇）灋友里君
百生（姓），帥䮐（堣）盩于成周。休又（有）
成事，穌（蘇）賓章（璋）、馬四匹、吉金，用
乍（作）䵼鼎彝。頌其萬年無疆，日
遅天子覭（顯）令，子子孫孫永寶用。

一五四　頌鼎　　西周·晚

隹(唯)三年五月既死霸甲戌，
王才(在)周康卲(昭)宮。旦，王各(格)大
室，即立(位)。宰引右頌，入門立
中廷。尹氏受王令(命)書，王乎(呼)
史虢生册令(命)頌。王曰，頌，令
女(汝)官嗣成周貯廿家，監嗣
新寤(造)貯，用宮御。易(賜)女(汝)玄衣
黹屯(純)、赤市(韍)、朱黃(衡)、縊(鑾)旂、攸(鋚)勒，
用事。頌拜(拜)稽(稽)首，受令(命)册佩
以出，反(返)入(納)堇(瑾)章(璋)。頌敢對覭(揚)
天子不(丕)顯魯休，用乍(作)朕皇
考龔叔、皇母龔始(姒)寶障鼎。
用追孝，衞(祈)匄康𡨦屯(純)右(祐)，
通(通)彔(祿)永令。頌其萬年釁(眉)壽，
畯臣天子，霝冬(終)，子子孫孫寶用。

一五五 小克鼎

西周·晚

佳(唯)王廿又三年九月，王
才(在)宗周。王命善夫克舍
令于成周遹正八𠂤(師)之
年，克乍(作)朕皇且(祖)釐季寶
宗彝。克其日用𩰫朕辟
魯休，用匄康勵屯(純)右(佑)，
釁(眉)壽永令霝終。邁(萬)
年無疆，克其子子孫孫永寶用。

一五六　大克鼎

西周·晚

克曰：穆穆朕文且（祖）師華父，悤
讓厥心，宖靜于猷，盄（淑）悊（哲）厥
德，肄（肆）克龏保厥辟龔王，諫
辪（乂）王家，叀（惠）于萬民，𩓵（柔）遠能
𤞷，適（遹）肄（肆）克□于皇天，頊于上下，

𢔶（得）屯（純）亡敃（尤）。易（賜）贅（釐）無疆，永念
于厥孫辟天子。天子明嚞（哲），覭（顯）孝
于申（神），巠念厥聖保且（祖）師華
父，𠭯克王服，出内（入）王令，多
易（賜）寶休。不（丕）顯天子，天子其萬年

無彊，保辥（乂）周邦，畯尹四方。
王才（在）宗周，旦，王各（格）穆廟，即
立（位）。醽（緟）季右善夫克，入門，立
中廷，北鄉（嚮）。王乎（呼）尹氏冊令
善夫克。王若曰：克，昔余既

令女（汝）出内（入）朕令，今余隹（唯）醽（緟）
熹（就）乃命，易（賜）女（汝）叔（素）市（韍）参冋（絅）节
恖，易（賜）女（汝）田于埜，易（賜）女（汝）田于
渒，易（賜）女（汝）井家㽞田于𠯈，以

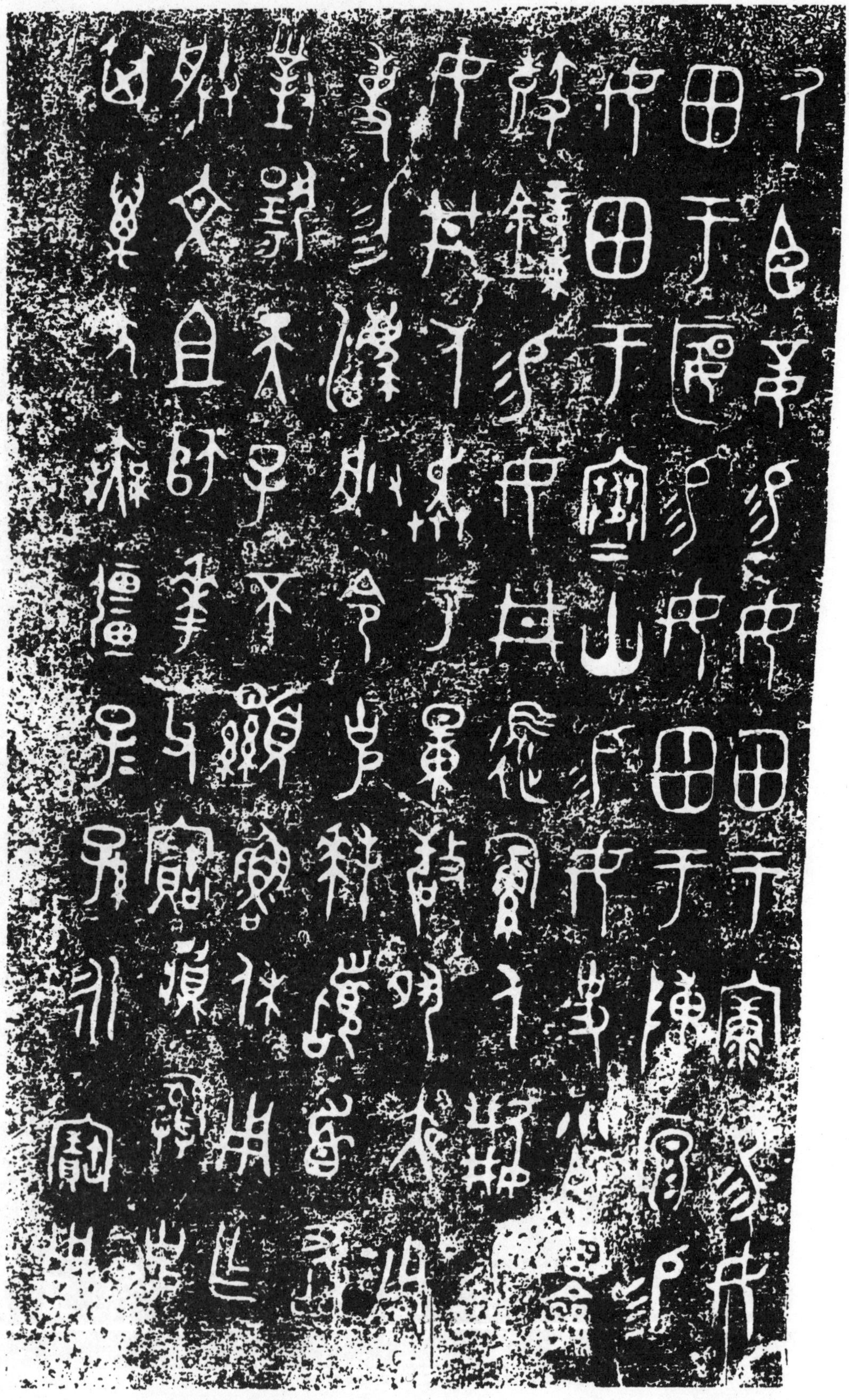

厥臣妾，易（賜）女（汝）田于寏，易（賜）女（汝）
田于匽，易（賜）女（汝）田于博原，易（賜）
女（汝）田于寒山，易（賜）女（汝）史小臣霝龠
鼓鐘，易（賜）女（汝）井遹𦅫人𦚅，易（賜）
女（汝）井人奔于量（量），敬夙夜用

事，勿灋（廢）朕令。克捧（拜）䭬（稽）首，敢
對䚄（揚）天子不（丕）顯魯休，用乍（作）
朕文且（祖）師華父寶䵼彝。克
其萬年無疆，子子孫孫永寶用。

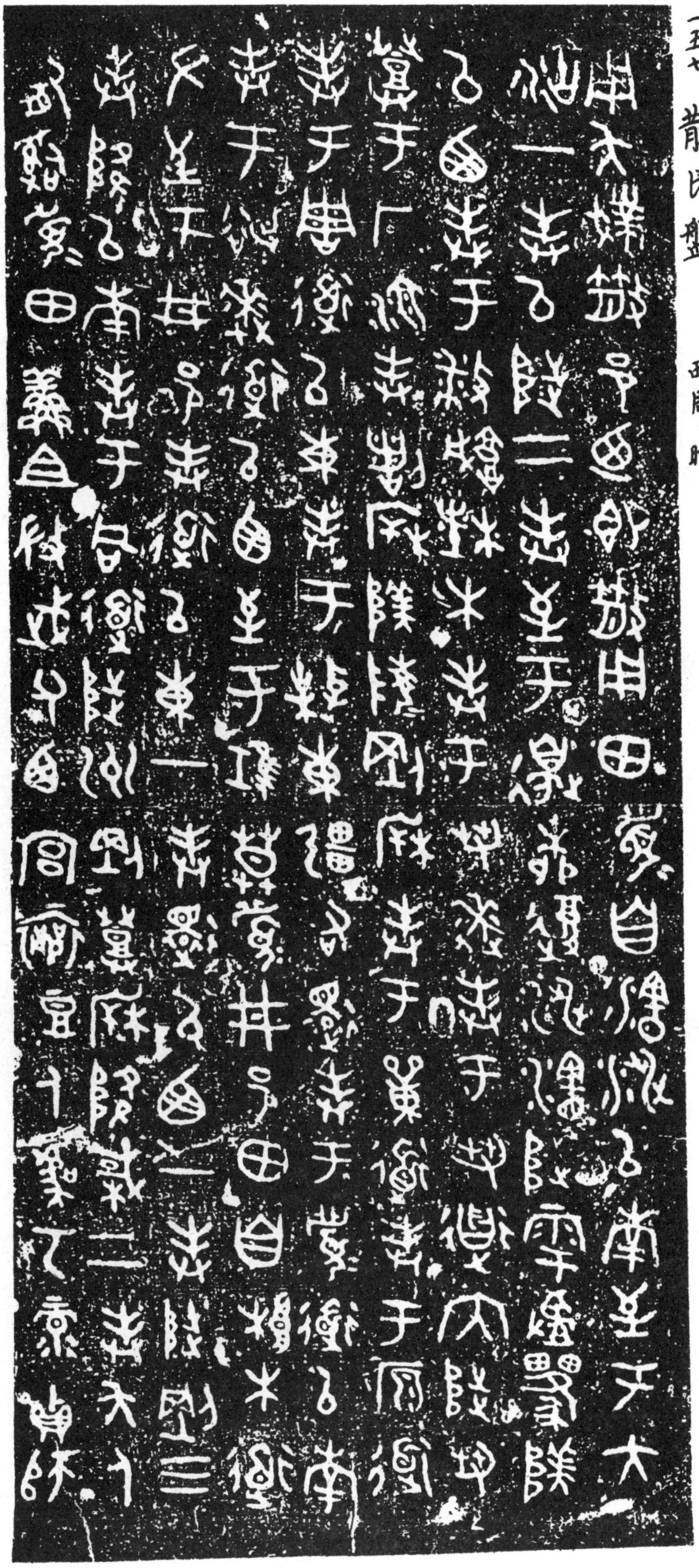

一五七 散氏盘

西周·晚

用矢𢦏散邑，廼即散用田眉（履）：自濡（瀗）涉以南，至于大
沽，一封；以陟，二封；至于邊柳，還（復）涉濡（瀗），陟雩，叡（徂）𩵦僕
以西，封；于𢽾𢦚（城）楮木，封；于芻逨，封；于芻衜，内陟芻，
𤼈（登）于厂湶，封；𠛱桩陕陵，陵（凌）剛桩，封；于𨁩衜（道），封；于原衜（道），
封；于周衜（道）以東，封；于𩐧東疆右還，封。于眉（履）衜（道）；以南，
封于𢐗逨衜（道）；以西，至于𨸏莫。眉（履）井邑田：自根木衜（道）
左至于井邑，封；衜（道）以東，一封；還以西，一封；陟剛，三
封；降以南，封于同衜（道）；陟州剛，𤼈（登）桩，降棫，二封。矢人
有𤔲（司）眉（履）田：鮮且、𢼸（微）、武父、西宮襄、豆人虞丂（考）、彔貞、師

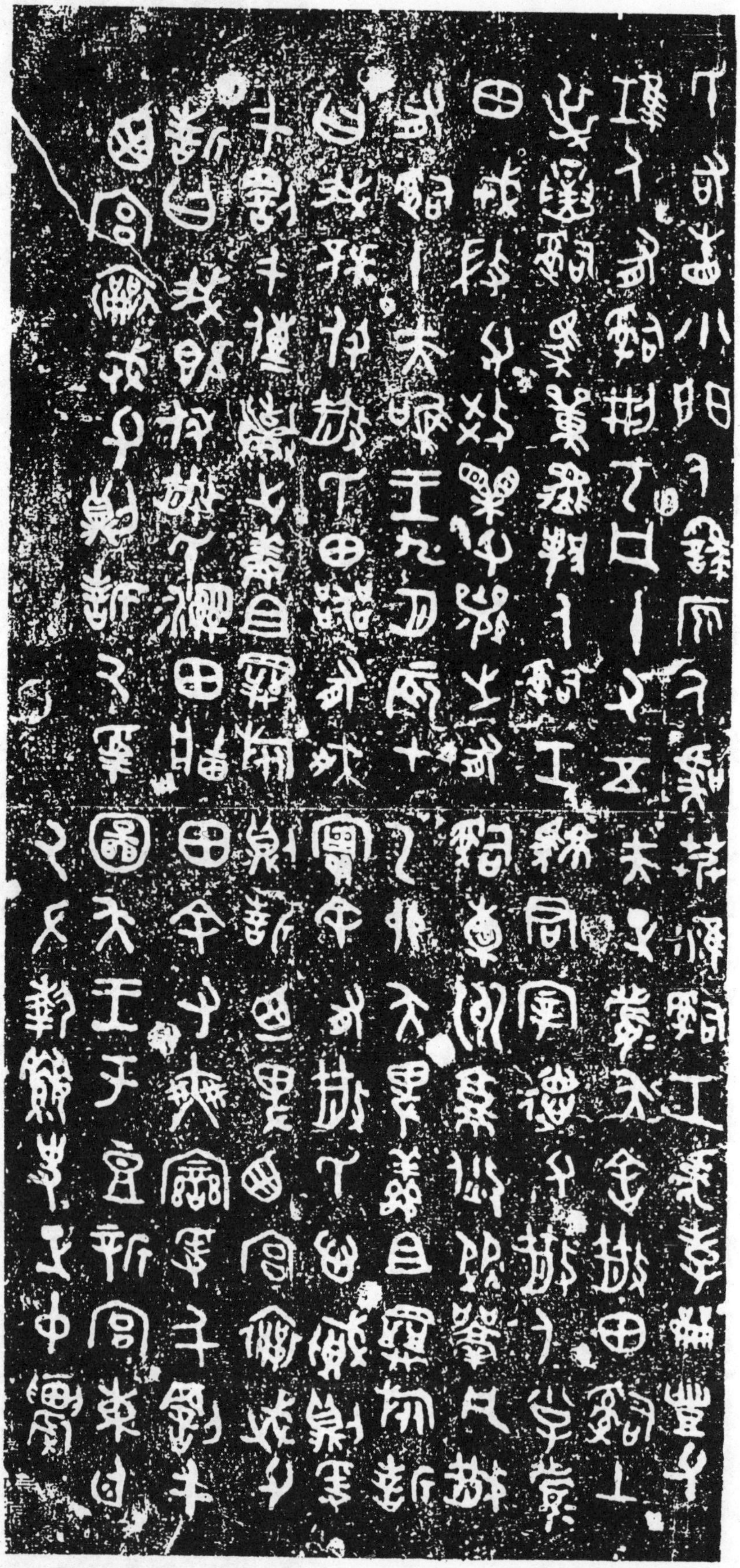

氏右、省、小門人鉌、原人虞莽（艿）、淮𤔲（司）工虎孝、𠀘豐父、
𨾊人有𤔲（司）刑（型）丂（考），凡十又五夫正眉（履）。眉（履）夨舍散田：𤔲（司）土（徒）
屰寠、𤔲（司）馬單𩂣、𨾊人𤔲（司）工騍君、宰惪（德）父，散人小子眉（履）、眉（履）
田：戎、𢼸（微）父、效、𣐁父、襄之有𤔲（司）橐、州𡨦、倏從、𢐗，凡散
有𤔲（司）十夫。唯王九月，辰才（在）乙卯，夨卑（俾）鮮且、𠭰旅誓
曰：我旣（既）付散氏田、器，有爽實，余有散氏心賊（賊），則爯（稱）
千罰千，傳（傳）棄之。鮮且、𠭰旅則誓。迺卑（俾）西宮襄、武父
誓曰：我既付散氏溼田、𤲞（牆）田，余又（有）爽𧄸（變），爯（稱）千罰千。
西宮襄武父則誓。厥受圖夨王于豆新宮東廷。厥左執緌（要）史正仲農。

一五八 毛公鼎

西周·晚

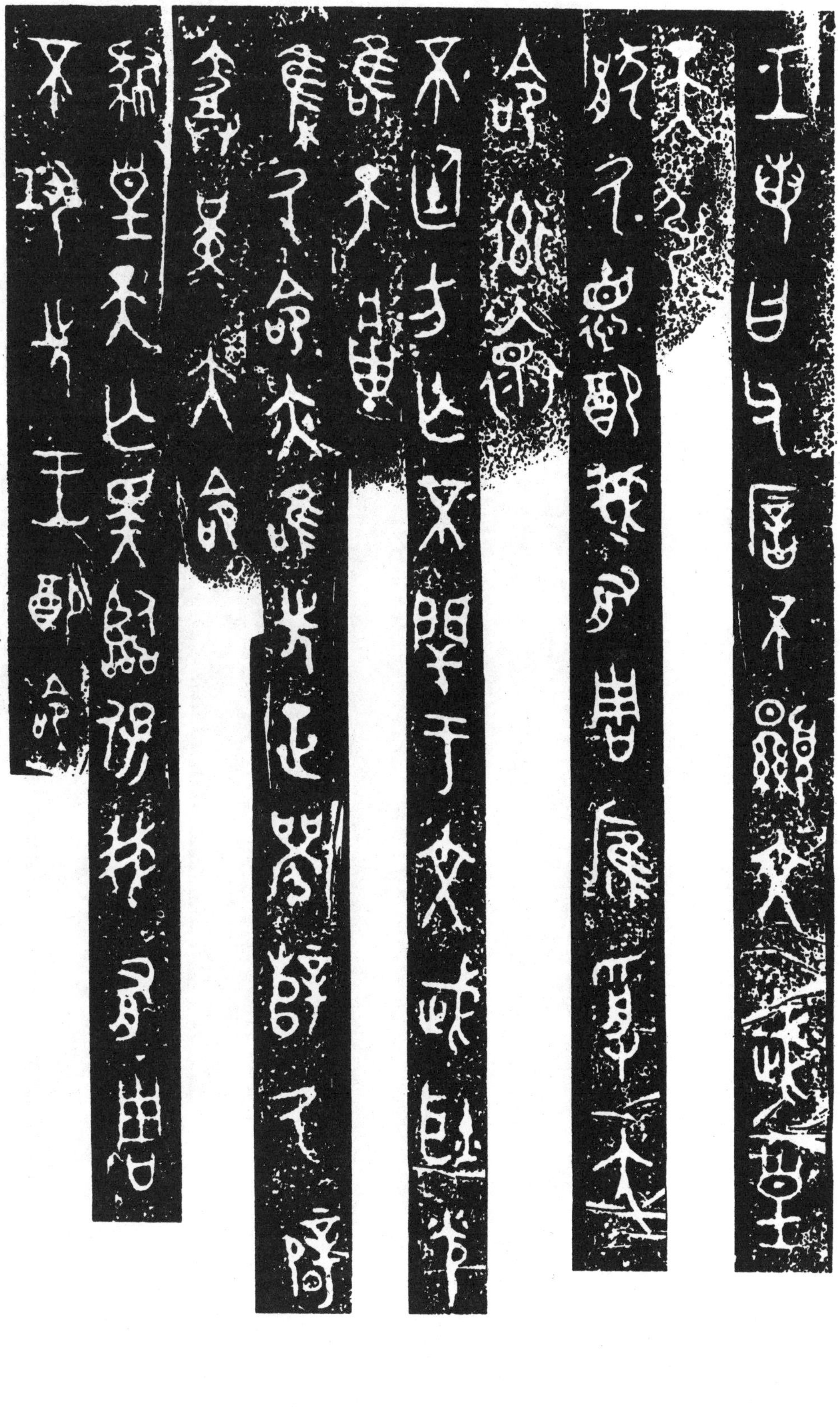

王若曰：父厝，不（丕）顯文武，皇天引
猒（厭）厥德，配我有周，膺（膺）受大命，率褱（懷）
不廷方，亡（無）不閈于文武耿光。
唯天𦚏（將）
集厥命，亦唯先正𤔲辪（乂）厥辟，
爵堇（勤）大命，
肆（肆）皇天亡（無）昊（斁），臨保我有周，
不（丕）巩（鞏）先王配命。

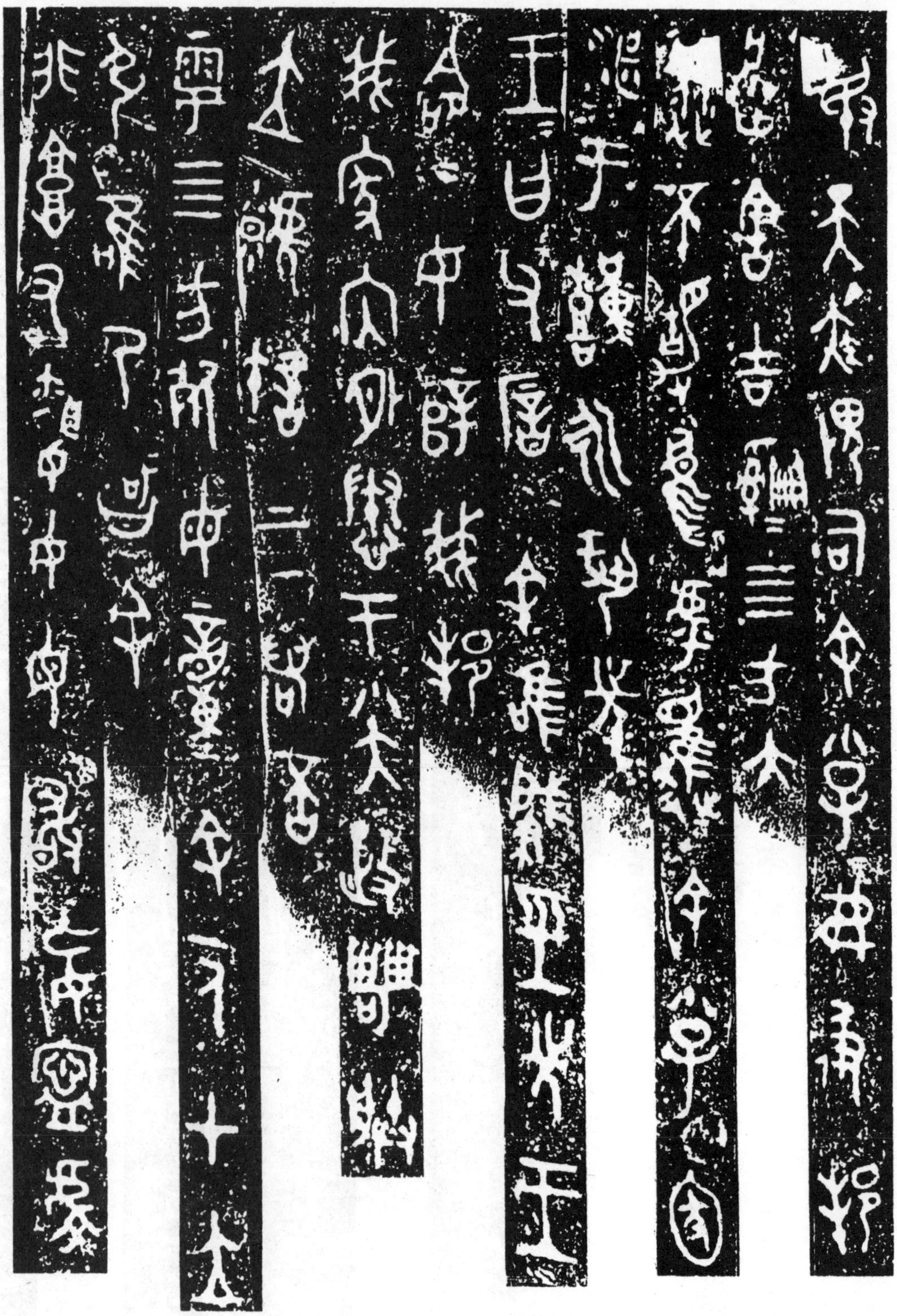

敃（旻）天疾畏（威），司（嗣）余小子弗彶（及），邦
䍃（將）害（曷）吉？䚄䚄四方，大
從（縱）不靜。烏虖（呼）！趯（䞣）余小子圂（溷）
湛于囏（艱），永巩（鞏）先
王。王曰：父厝，余唯肇巠（經）先王
命，命女（汝）辥（乂）我邦
我家內外，惷（惷）于小大政，甹（屏）朕
立（位），虩許上下若否，
雩四方死母（毋）童（動），余一人才（在）立（位），
引唯乃智，余
非䇂（庸）又䎽（昏），女（汝）母（毋）敢妄寍（寧），虔

夙夕，叀（惠）我一人。
𩍂（雝）我邦小大猷，毋（毋）折咸（緘），告余
先王若德，用
卬（仰）卲（昭）皇天，𤔲（緟）圝（恪）大命，康能四
或（國），俗（欲）我弗乍（作）
先王憂。王曰：父厝，雩之庶出

入事于外，尃（敷）命尃（敷）
政，埶（藝）小大楚賦，無唯正聞（聞），引
其唯王智，迺
唯是喪我或（國）。厤（歷）自今，出入尃（敷）
命于外，厥非

先告父厝，父厝舍命，毋(毋)又(有)敢憃(蠢)尃(敷)命
于外。王
曰：父厝，今余唯𤔲(緟)先王命，命女(汝)亟
一方，圂(弘)
我邦我家。毋(毋)顀于政，勿雝逮(律)庶
口，貯毋(毋)

敢龔(供)橐橐，迺敄(侮)鰥寡(寡)。善效乃友
正，毋(毋)敢
湛于酉(酒)。女(汝)毋(毋)敢𢓊(墜)，才(在)乃服，圞(恪)夙
夕，敬念王
畏(威)不睗(賜)。女(汝)毋(毋)弗帥用先王乍(作)明

井（型），俗（欲）女（汝）弗
以乃辟圅（陷）于艱（艱）。王曰：父厝，已，曰
彶（及）兹卿
事寮（僚）、大史寮（僚），于父即君。命
女（汝）𤔲嗣公
族雩（與）參（叄）有嗣（司）：小子、師氏、虎臣

雩（與）朕褻事，
以乃族干（捍）吾（敔）王身。取貴卅寽，易（賜）
女（汝）𩰪（秬）鬯一卣、
𩰫（祼）圭、䰜（瓚）寶、朱市（韍）、悤黃（衡）、玉環、玉瑹（琮）、
金車、桒縟較（較）、

朱䪝（鞃）、𩌏（靳）、虎冟（幎）熏裏、右厄（軛）、畫
轉、畫輯（䡈）、金
甬（筩）、遺（錯）衡、金墥（踵）、金豙、勅（約）䡊、金簟（簟）
弼（笰）、魚葡（箙）、馬
四匹、攸（鋚）勒、金嚨、金雁（膺）、朱旂二鈴（鈴）、易（賜）

女（汝）兹关（朕），
用歲用政（征）。毛公厝對䖒（揚）
天子皇
休，用乍（作）䵼鼎。子子孫孫
永寶用。

一五九　攻吳王夫差鑑

東周·吳

攻吳王大(夫)差擇厥吉金，自乍(作)御監(鑑)。

一六〇　叔緐簠

東周·吳

吳王御士尹氏叔緐乍(作)旅匿(簠)。

一六一 無壬鼎

東周·吳

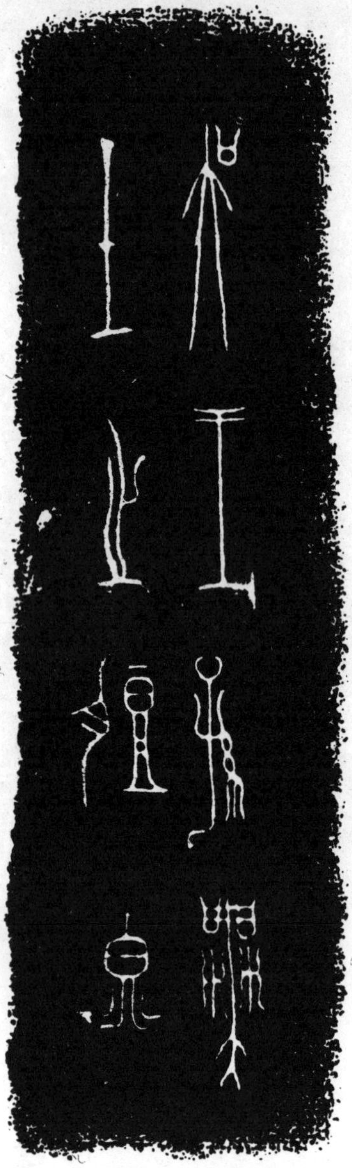

吳王孫無壬之脰（廚）鼎。

一六二 臧孫鐘

東周·吳

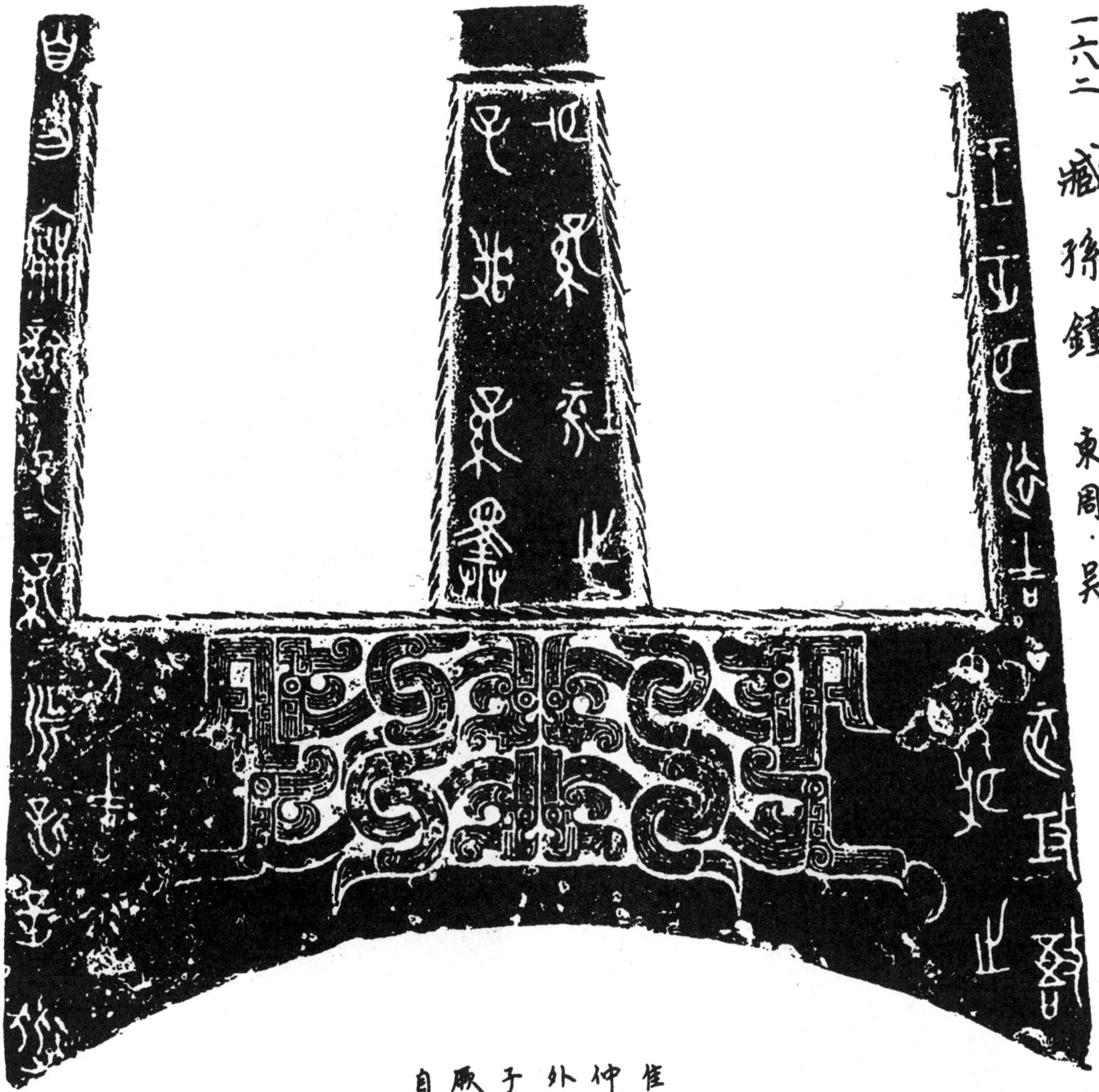

隹（唯）王正月初吉丁亥，攻敔
仲終戚之
外孫坪之
子臧孫，擇
厥吉金，
自乍（作）龢鐘。子子孫孫，永保是從。

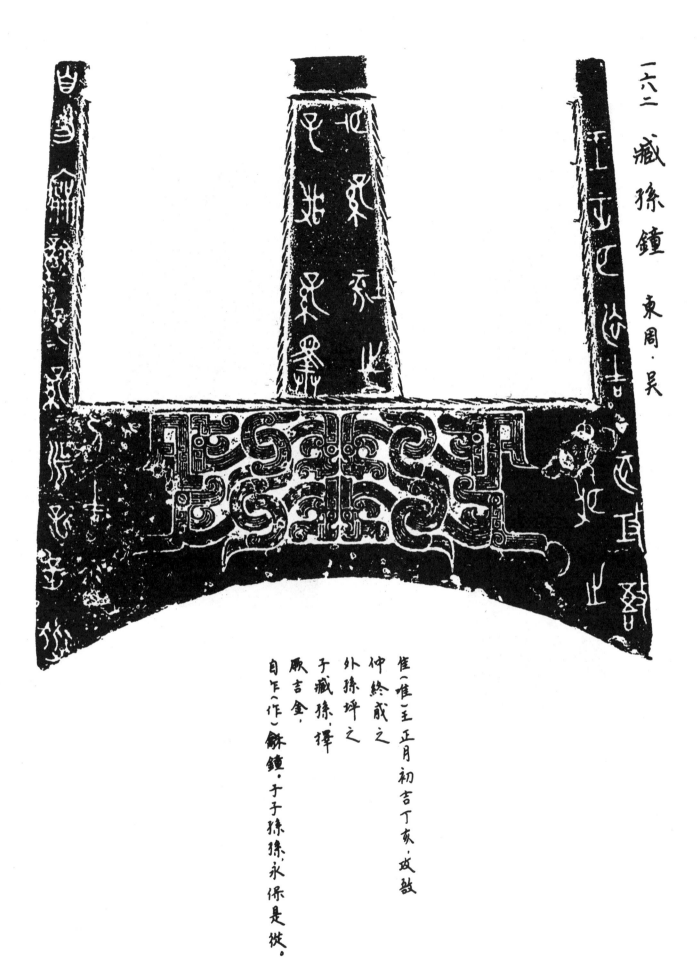

一六三 越王句踐劍 東周·越

邚（越）王欿（句淺）（踐）自乍（作）用鐱（劍）。

一六四 越王朱句劍 東周·越

戉（越）王州（朱）句自乍（作）用僉（劍）。

一六五 者汈鐘 東周·越

隹(唯)戉(越)十
有九年，
王曰：者
汈，女(汝)亦
虔秉不
朕立(位)，令
余其念
□乃有。

一六六 姑𣵀勾鑃

東周·越

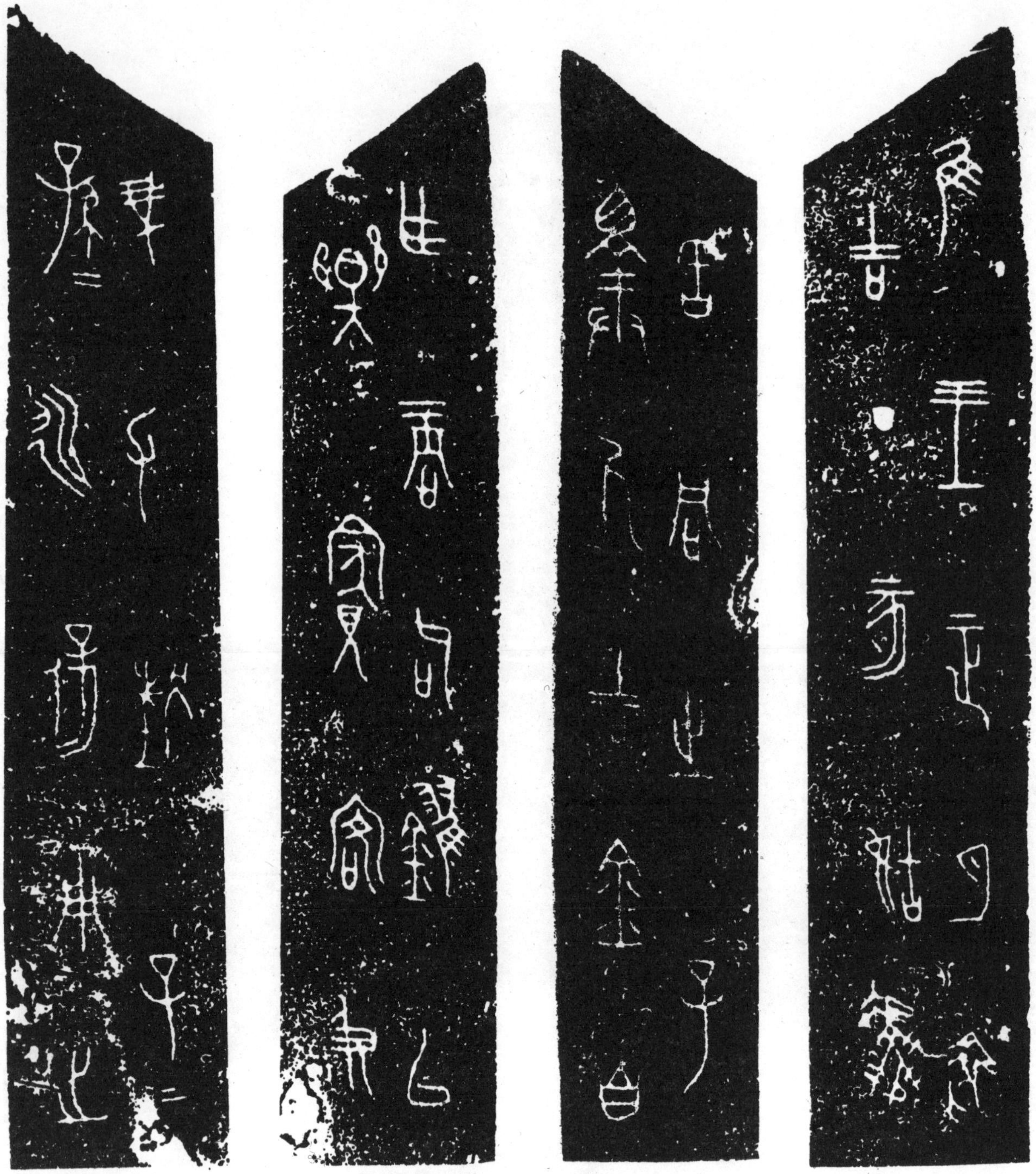

隹(唯)王正月初
吉丁亥，姑𣵀
昏同之子
擇厥吉金，自
乍(作)商句(勾)鑃，以
樂賓客，及
我父兄(兄)，子子
孫孫，永保用之。

一六七 庚兒鼎

東周·徐

隹(唯)正月初吉丁亥，䣄(徐)王之子
庚兒，自乍(作)飤緐，用征用
行，用龢用鬻，釁(眉)壽無疆。

一六八 朁鼎

東周·徐

隹(唯)正月吉日初庚，郐(徐)䝴尹朁自乍(作)湯(鍚)鼎。㢸(弘)良聖每(敏)，余敢敬明(盟)祀，丩(糾)𨓈涂俗，以知卹辱(辱)。壽躳穀子，釁(眉)壽無諆(期)，永保用之。

一六九　徐駒君之孫缶

東周·徐

郐（徐）頙（駒）君之孫利之元子次口，擇其吉金，自乍（作）卟（盟）缶。釁（眉）壽無其（期），子子孫孫永保用之。

一七〇 徐王義楚鍴

東周・徐

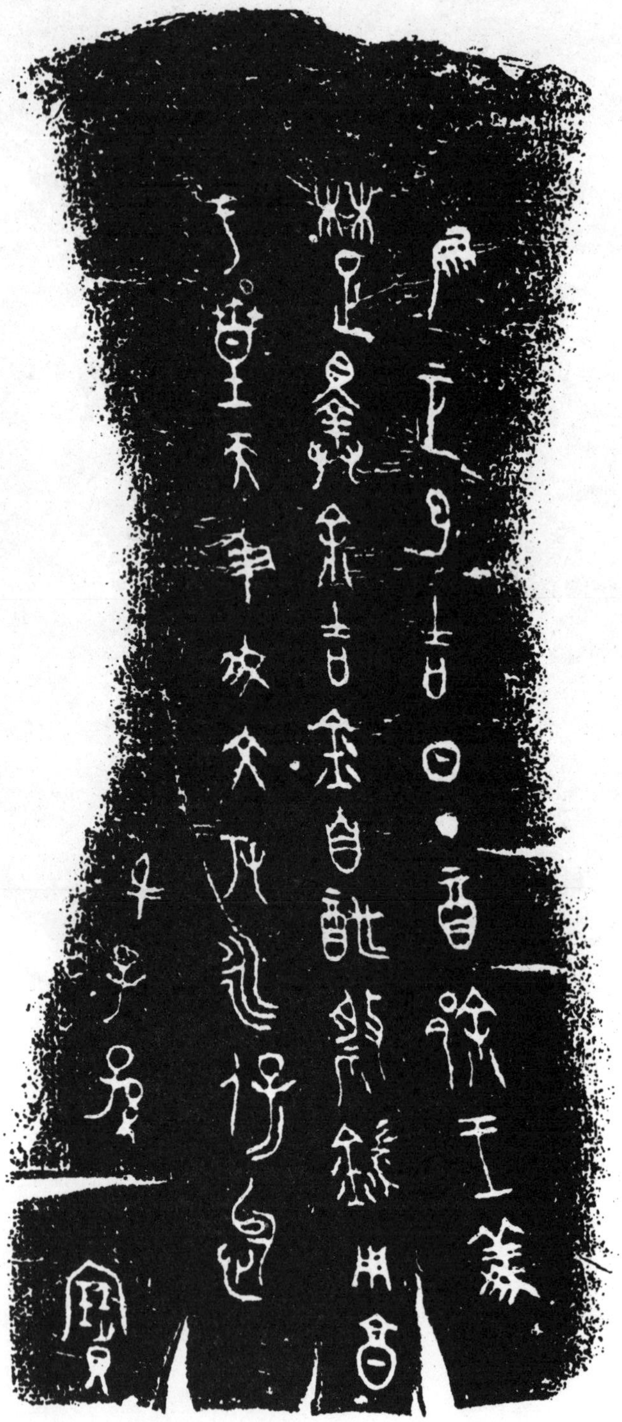

隹(唯)正月吉日丁酉，𨛭(徐)王義楚擇余吉金，自酢(作)祭鍴，用享于皇天，及我文考，永保怠(嗣)身，子孫寶。

一七一 諸稽型爐盤

東周·徐

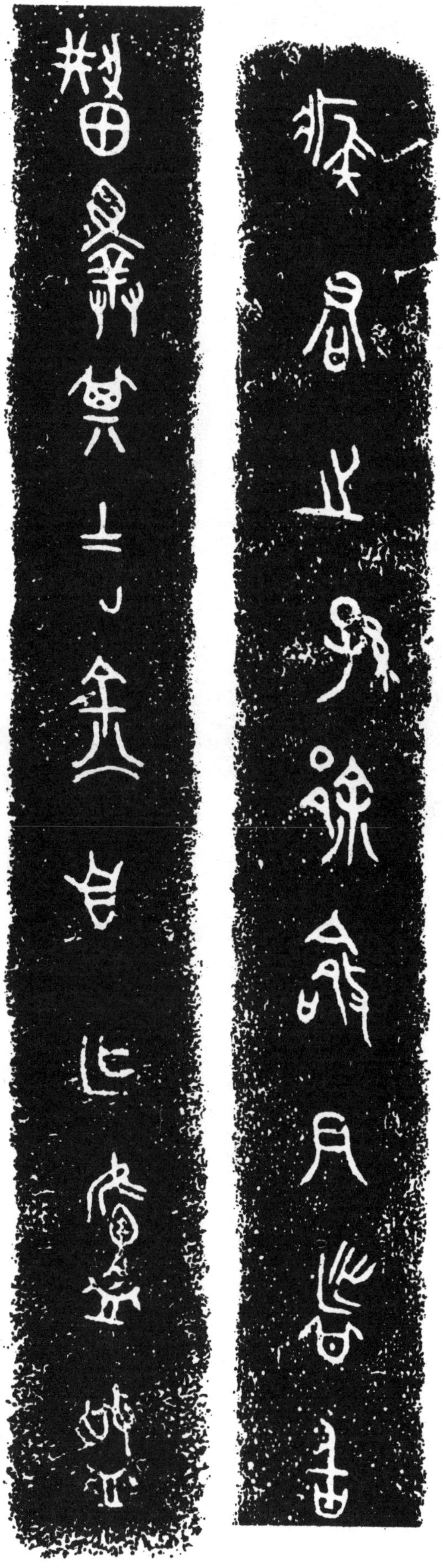

疾君之孫郐（徐）敛（令）尹者（諸）旨（稽）㓝田（型）擇其吉金，自乍（作）盧（爐）盤。

一七二 遷邟鐘

東周·舒

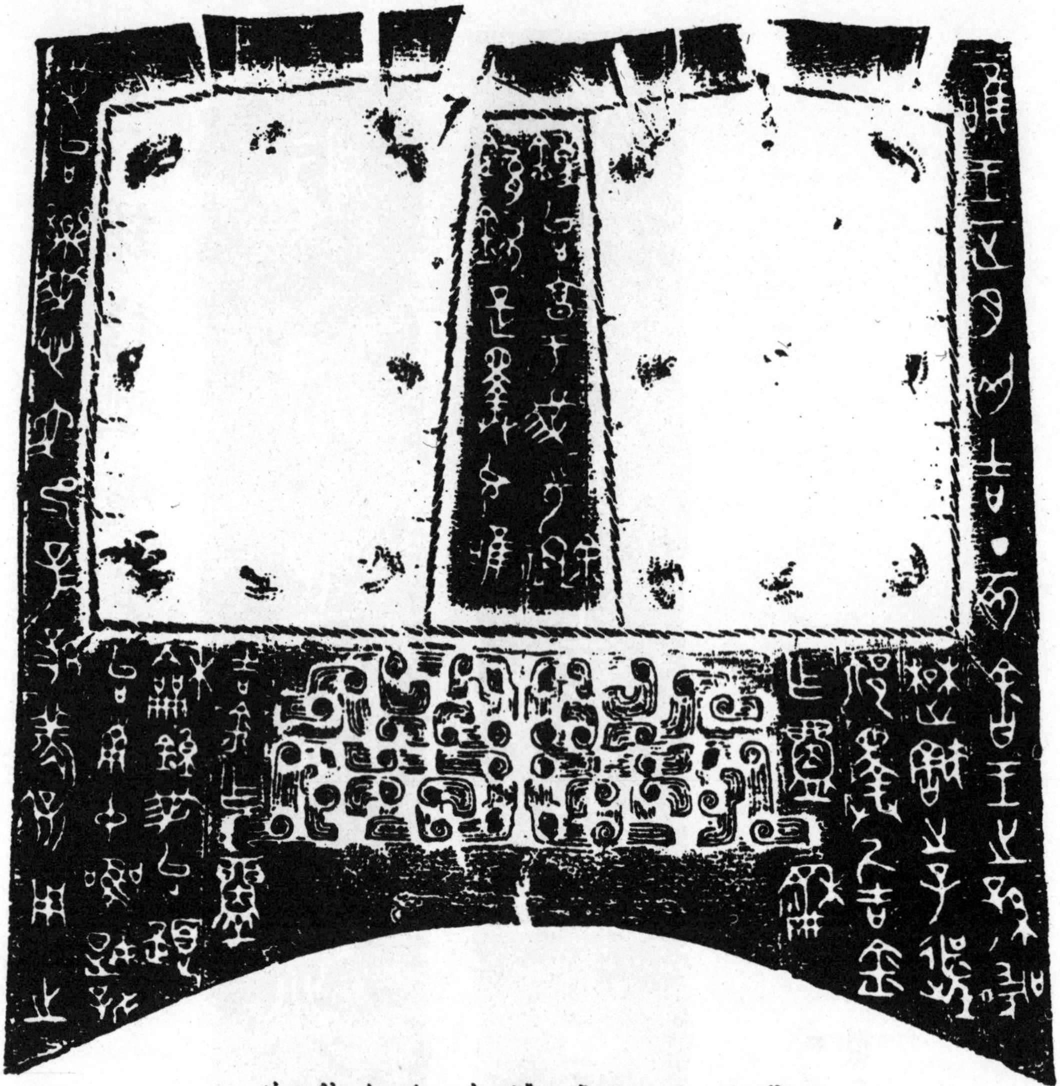

唯王正月初吉丁亥，舍(舒)王之孫尋楚㝬之子遷邟，擇厥吉金，乍(作)鑄龢鐘，台(以)享于我先祖。余鏞鏐是擇，允唯吉金，乍(作)鑄龢鐘，我台(以)題(夏)台(以)南，中鳴媞好。我台(以)樂我心，也也巳(熙)巳(熙)。子子孫孫，羕(永)保用之。

一七三

蔡侯申盤　東周·蔡

元年正月初吉
辛亥，蔡侯𩕉（申）虔
共（恭）大命，上下陟
祜，𢿢敬不惕，肇
轄（佐）天子，用詐（作）大
孟姬嬇（媵）彝盤（盤）。禋
享是台（以），嵔（祗）盟嘗
禘，祐受母（毋）已。齋
□整譾，□文王
母，穆穆曑（亹）曑（亹），悤害訢
旟，威義（儀）遊遊，霝頌
託商，康𪉯（諧）龢好，
敬配吳王，不諱
考壽，子孫蕃昌。
永保用之，終歲
無疆。

一七四 蔡公子果戈

東周·蔡

蔡公子果之用。

一七五 蔡侯朱缶

東周·蔡

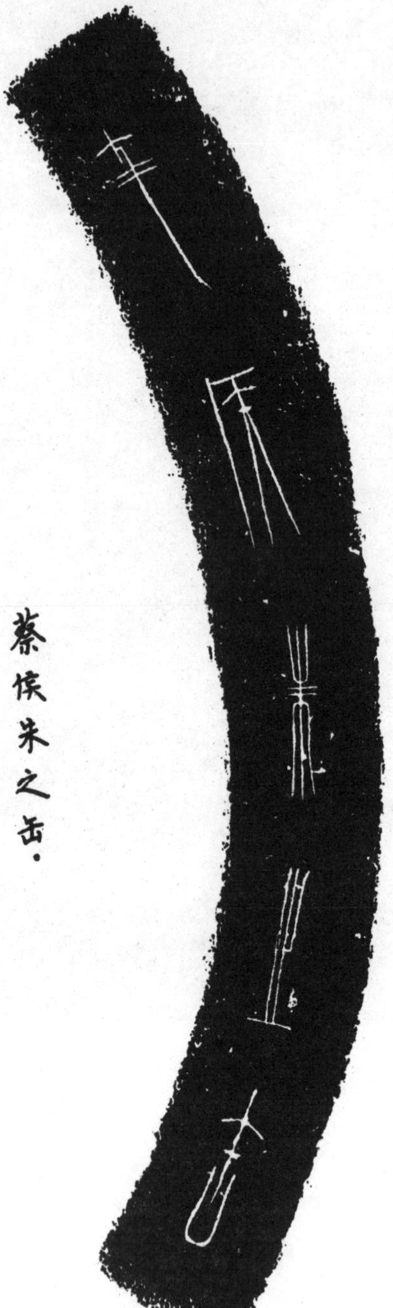

蔡侯朱之缶。

一七六 蔡侯產劍

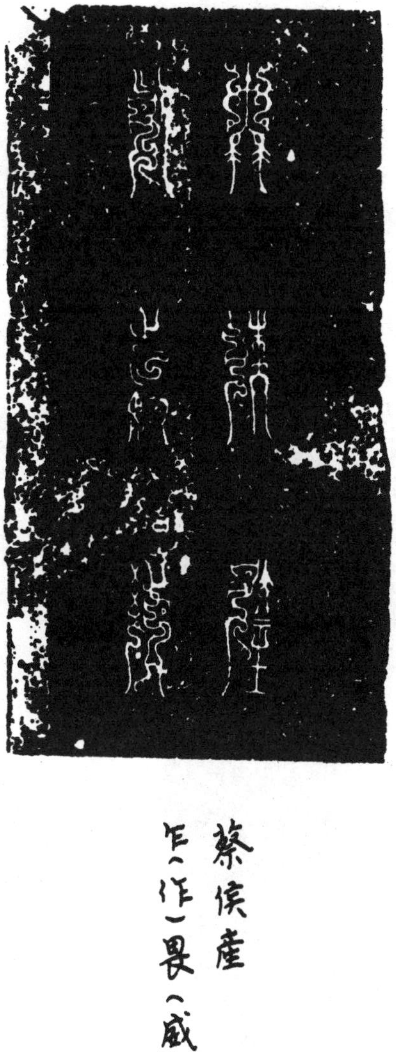

東周·蔡

蔡侯產
乍（作）畏（威）戉。

一七七 義工簠

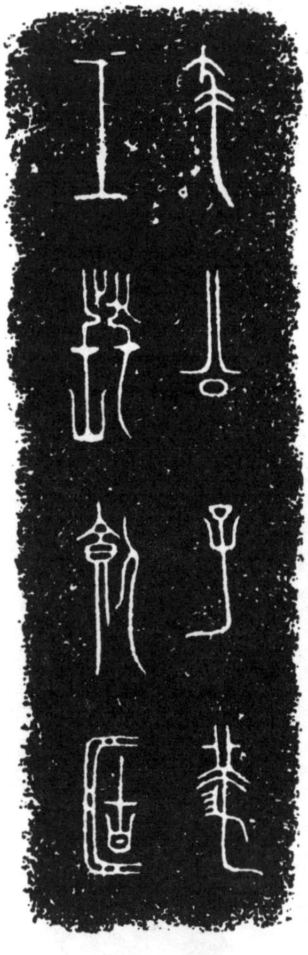

東周·蔡

蔡公子義
工之飤匿（簠）。

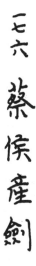

一七八 蔡大師腆鼎

東周·蔡

隹(唯)正月初吉丁亥，蔡
大帀(師)腆賸鄦(許)叔姬可女
飤緐，用旂(祈)釁(眉)壽，邁(萬)
年無疆，子子孫孫永寶用之。

一七九

許子妝簠

東周·許

佳(唯)正月初吉丁亥，
鄦(許)子妝擇其吉
金，用鑄其匿(簠)，用
媵孟姜秦嬴，其
子子孫孫羕(永)保用之。

一八〇 子璋鐘

東周·許

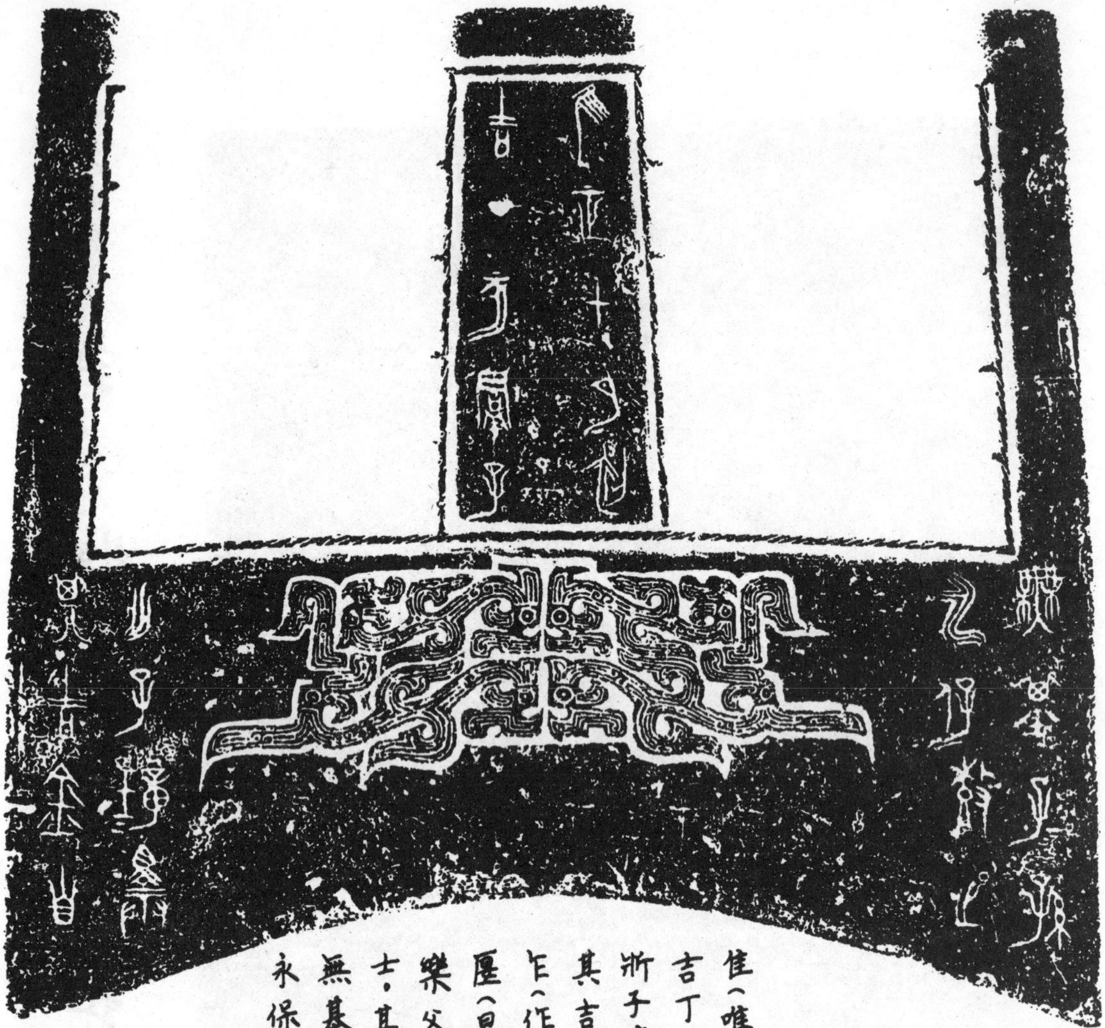

隹(唯)正七月初
吉丁亥，群孑(孫)
斨子璋擇
其吉金，自
乍(作)龢鐘。用
匽(晏)以喜，用
樂父陛(兄)者(諸)
士。其𦥑(眉)壽
無基(期)，子子孫孫，
永保鼓之。

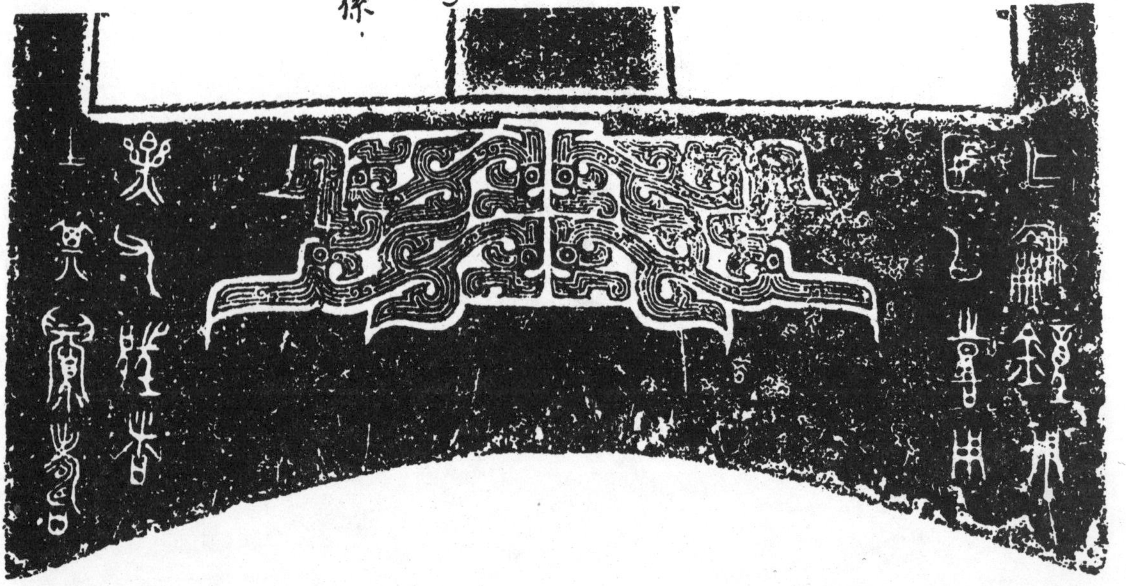

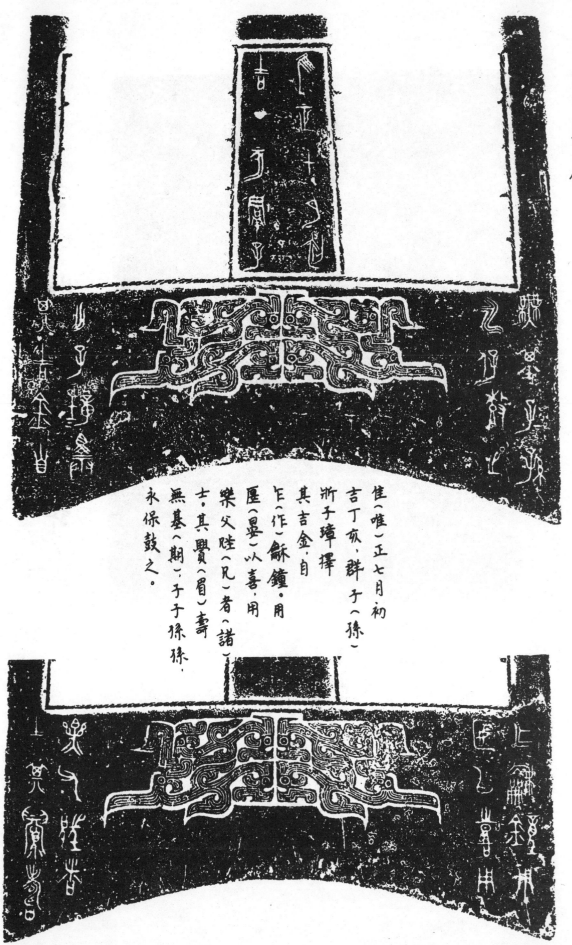

一八一 喬君鉦 東周・許

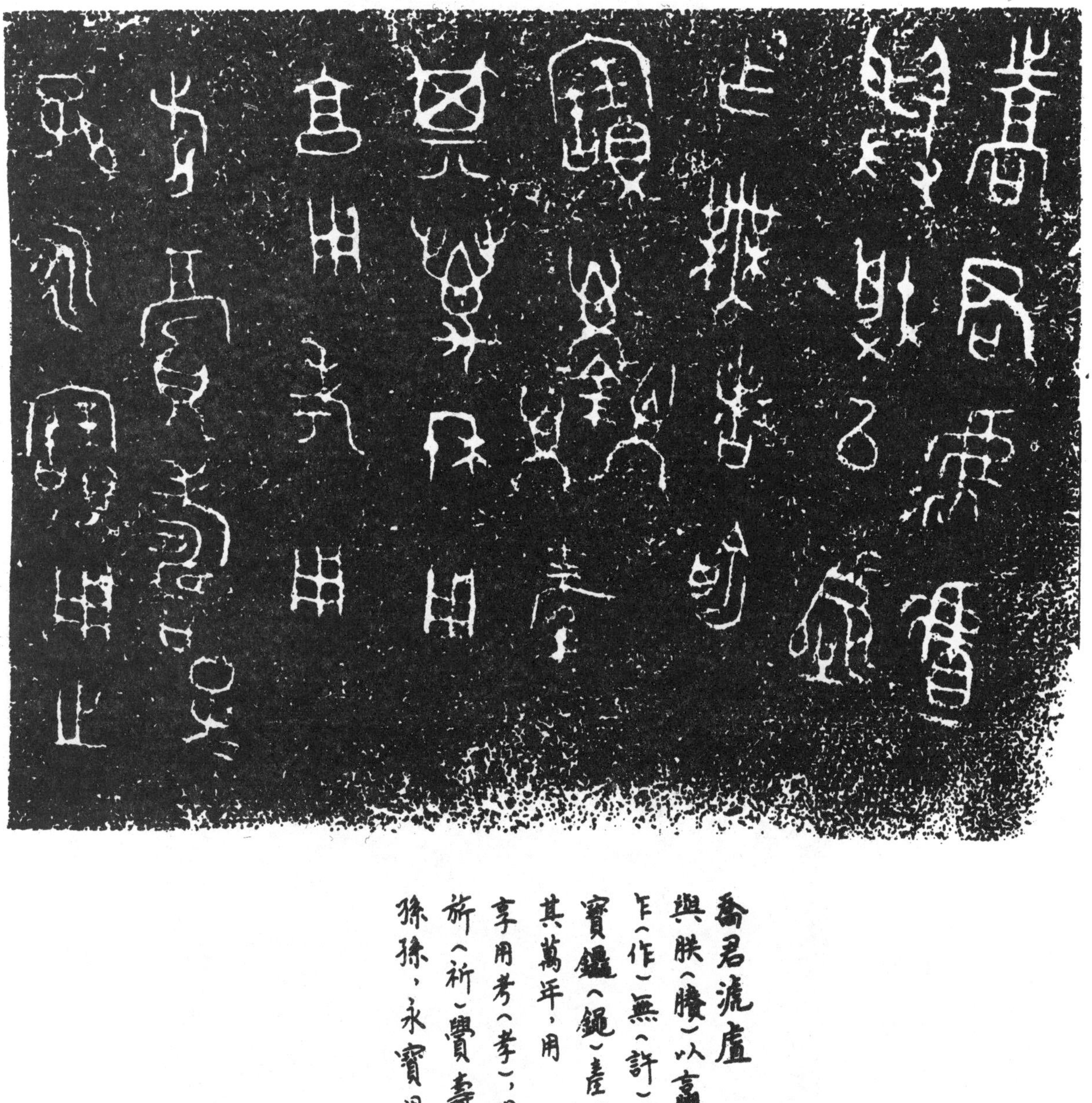

喬君淲虘
與朕(賸)以贏,
乍(作)無(許)者俞
寶鑃(鉦)虡.
其萬年,用
享用考(孝),用
旂(祈)釁(眉)壽,子子
孫孫,永寶用之.

一八二 陳侯壺

東周·陳

敶(陳)侯乍(作)嬀穌(蘇)朕(賸)壺，其萬年永寶用。

一八三 陳侯簠

東周·陳

隹(唯)正月初吉丁亥，敶(陳)侯乍(作)孟姜媛幐(賸)匠(簠)。用旂(祈)釁(眉)壽，萬年無疆，永壽用之。

一八四 ⿰爿言父錍

東周·陳

敶（陳）公孫⿰爿言父乍（作）旅⿰酉匕（錍）·用⿰旂斤（祈）釁（眉）壽，萬年無疆，永壽用之。

一八五 仲慶簠

東周·陳

敶（陳）公子仲慶自乍（作）匡（筐）匡（簠）·用⿰旂斤（祈）釁（眉）壽，萬年無疆，子子孫孫永壽用之。

一八六 鄦公平侯鼎

東周·鄦

隹(唯)鄦八月初吉癸未，
鄦公平侯自乍(作)隮(尊)錳(盂)，
用追孝于厥皇且(祖)晨
公于厥皇考犀鎗公，用
腸(賜)釁(眉)壽，萬年無疆，
子子孫孫永寶用享。

一八七 上鄀公敄人簋 東周·鄀

隹(唯)鄀正二月初吉
乙丑，上鄀公敄人
乍(作)隮(尊)段(簋)，用享孝于
厥皇且(祖)，于厥皇丂(考)，
用賜(賜)釁(眉)壽，萬年無
疆，子子孫孫永寶用享。

一八八　上鄀府簠　東周、鄀

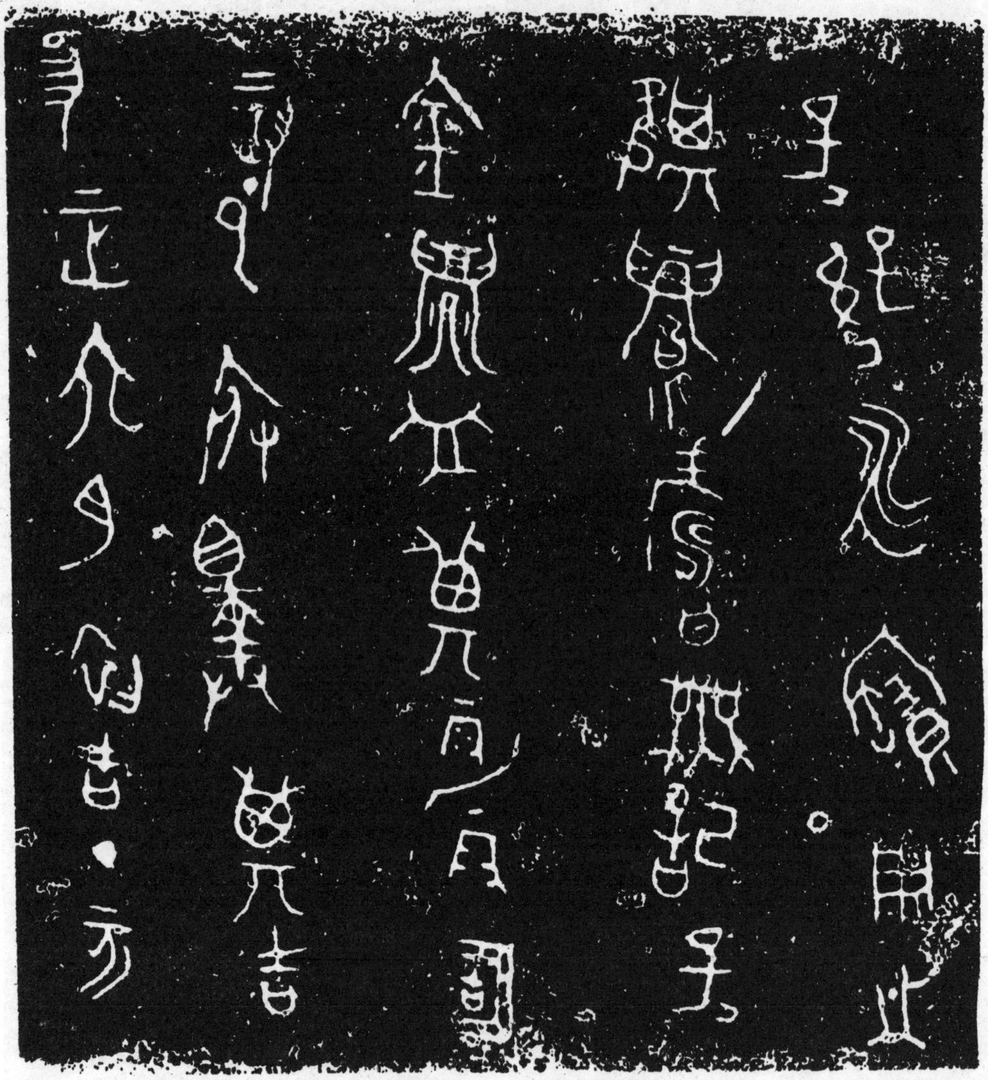

佳（唯）正六月初吉丁亥，
上鄀府擇其吉
金鑄其䵼匿（簠）。
𩱦（其）釁（眉）壽無記，子子
子子孫孫，永寶用之。

一八九

黃君簋

東周·黃

黃君乍(作)季嬴
𡡉媵毁(簋)。用易(賜)
𥅻(眉)壽，黃耇，萬年
子子孫孫，永寶用享。

一九〇

倲君鼎

東周·黃

唯黃孫子倲
君叔單，自乍(作)鼎。
其萬年無疆，
子子孫孫，永寶用享。

一九一

陳鼎

東周·胡

㝬(胡)侯之孫敶(陳)之䵼(盂)。

一九二

㝬叔簋

東周·胡

㝬(胡)叔乍(作)吴姬𨻼𨧸(筐)，其萬年，子子孫孫永寶用。

一九三　番君召簠　東周·番

番君召乍（作）餴
匿（簠）。用享用養（孝）、
用旛（祈）釁（眉）壽，子子
孫孫，永寶用之。

一九四　番卯伯盤　東周·番

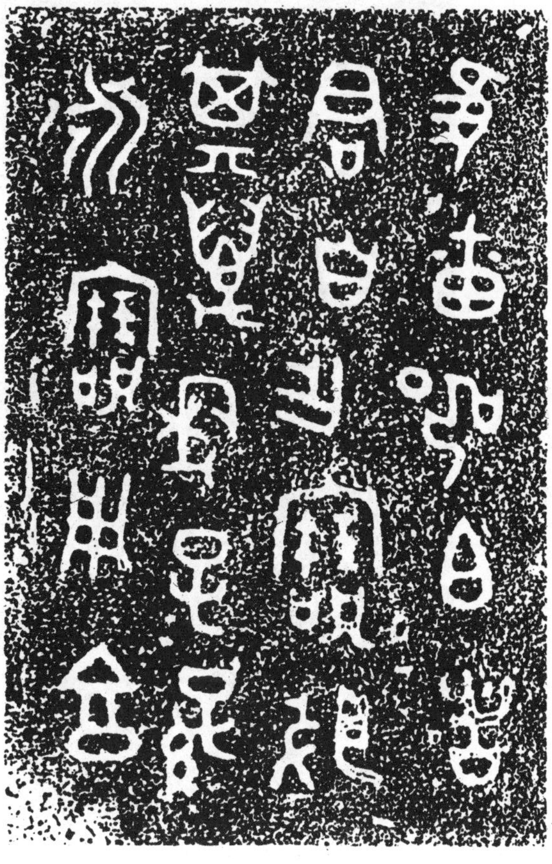

隹（唯）番卯白（伯）者
君自乍（作）寶般（盤）。
其萬年子子孫，
永寶用享。

一九五　鄧孟壺　東周·鄧

登（鄧）孟乍（作）監曼（嫚）尊壺，子子孫孫永寶用。

一九六　伯氏鼎　東周·鄧

唯登（鄧）八月初吉，白（伯）氏始（姒）氏乍（作）𩰫（䵼）嫚臾朕（賸）鼎，其永寶用。

一九七 曾子遽簠

東周·曾

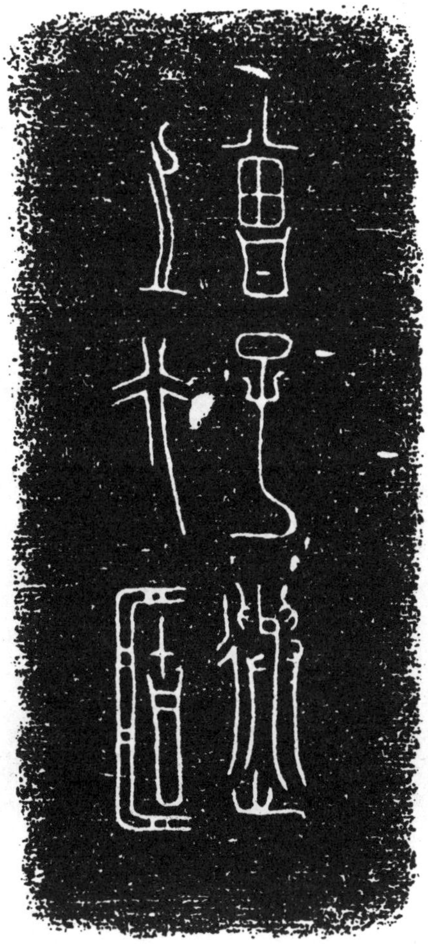

曾子遽之行匿（簠）。

一九八 曾侯乙簠

東周·曾

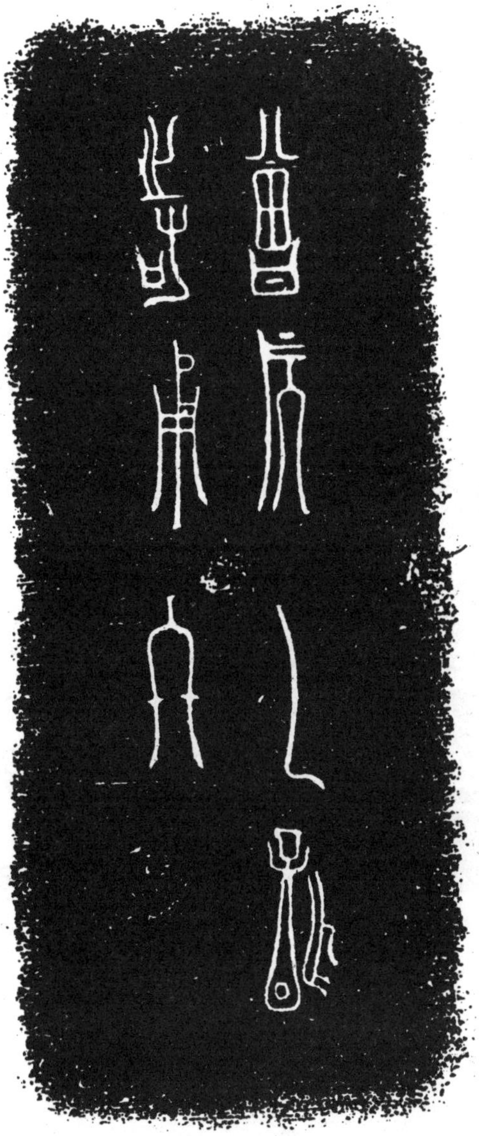

曾侯乙詐（作）時（時）甬（用）終。

一九九 曾仲斿父壺 東周·曾

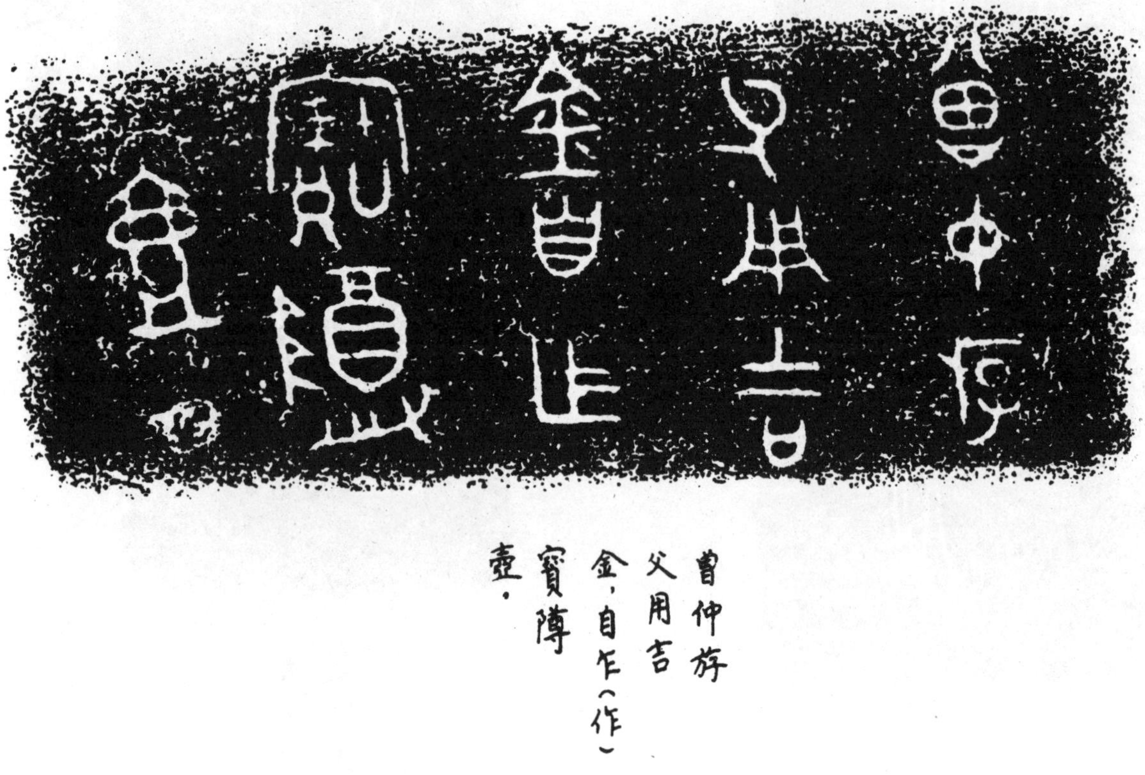

曾仲斿父用吉金，自乍（作）寶尊壺。

二〇〇 王子午鼎

東周·楚

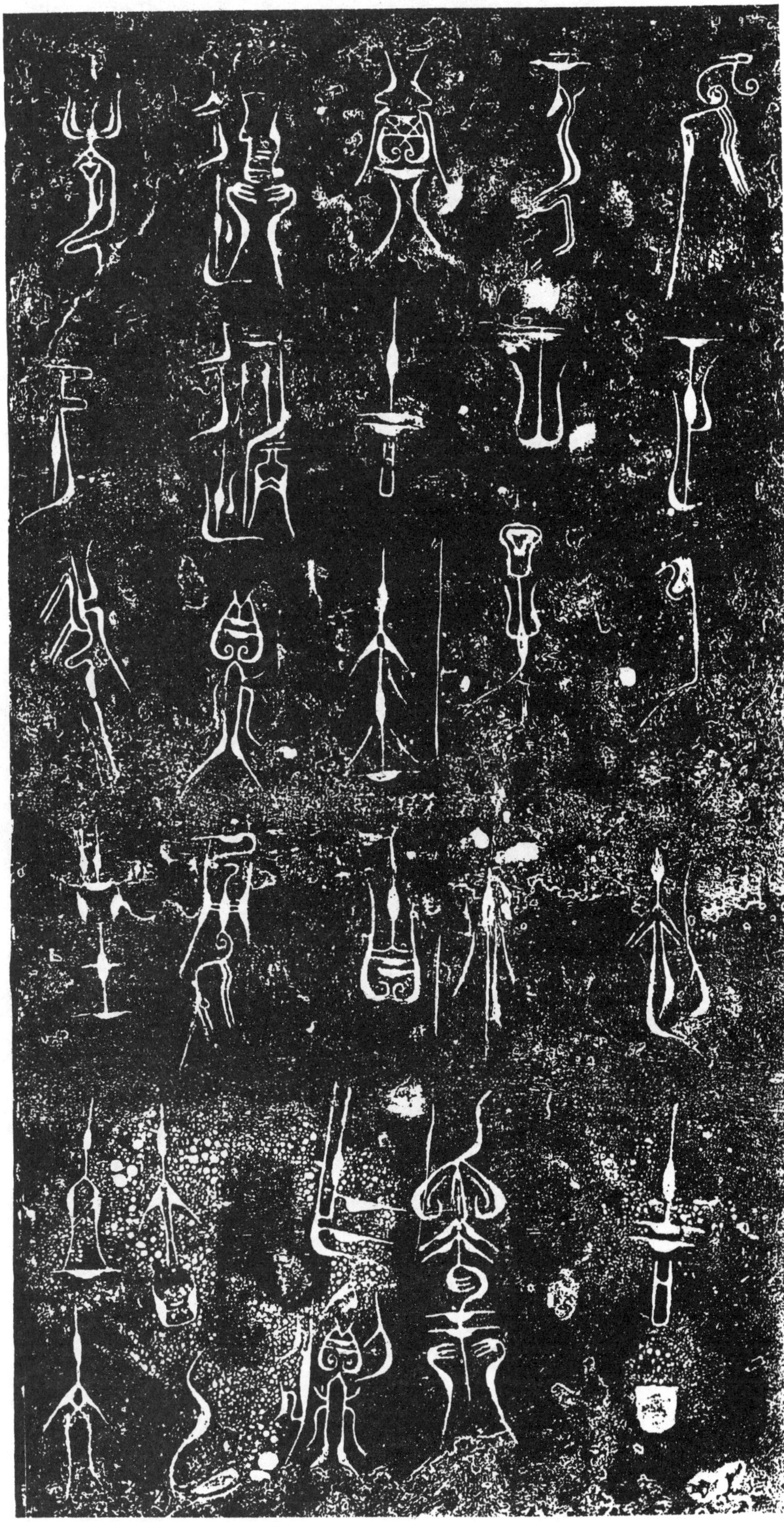

隹（唯）正月初吉丁
亥，王子午擇
其吉金，自乍（作）䵼
[illegible]（彝）[illegible]鼎，用享以
孝于我皇且（祖）文

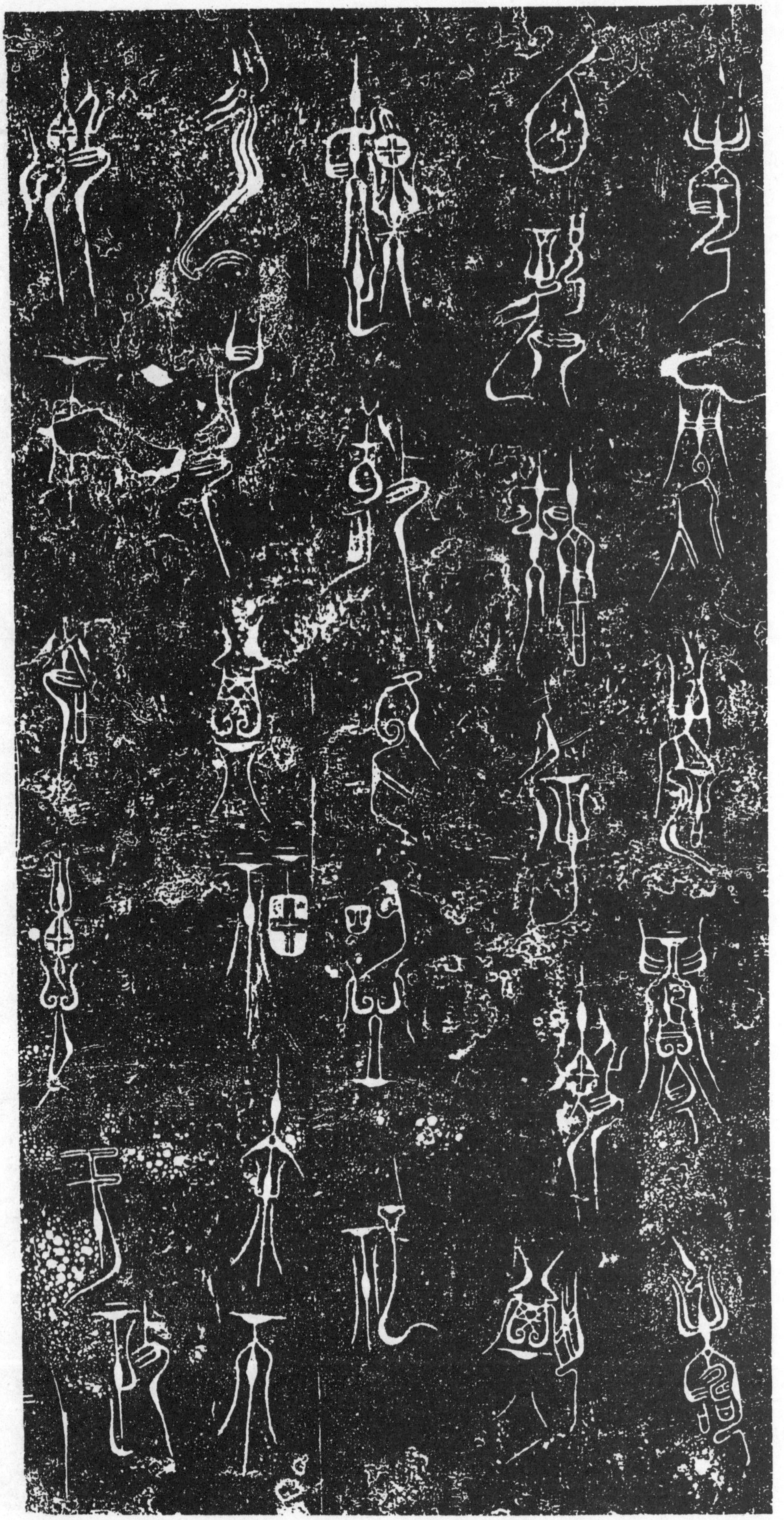

考，用旂（祈）釁（眉）壽，
圅（弘）龏䛒屖（遅），敃（畏）諆（忌）
趩趩，敬厥盟祀，
永受其福。余不
敃（畏）不差，惠于政

德，悊于威義。闌闌
獸獸，命（令）尹子庚，殹民
之所亟，萬年
無諆（期），子孫是利。

二〇一　王孫遺者鐘　東周·楚

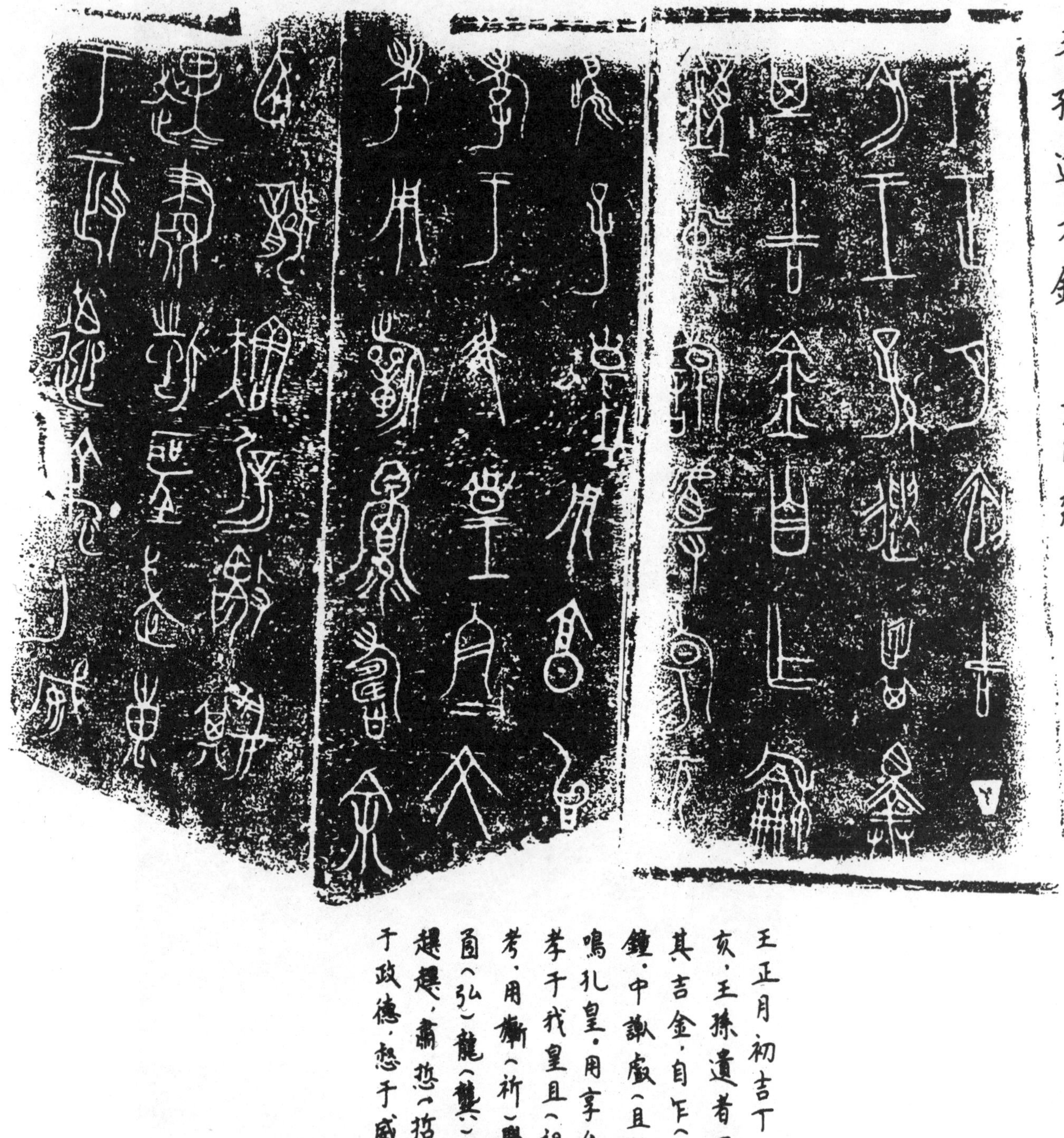

王正月初吉丁
亥，王孫遺者擇
其吉金，自乍（作）龢
鐘。中翰戲（且）鴋（揚），元
鳴孔皇，用享台（以）
孝于我皇且（祖）、文
考，用蘄（祈）釁（眉）壽。余
圅（弘）龏（龔）敍屖（遲），敃（畏）䰻（忌）
趩趩，肅悊（哲）聖武，惠
于政德，惄于威

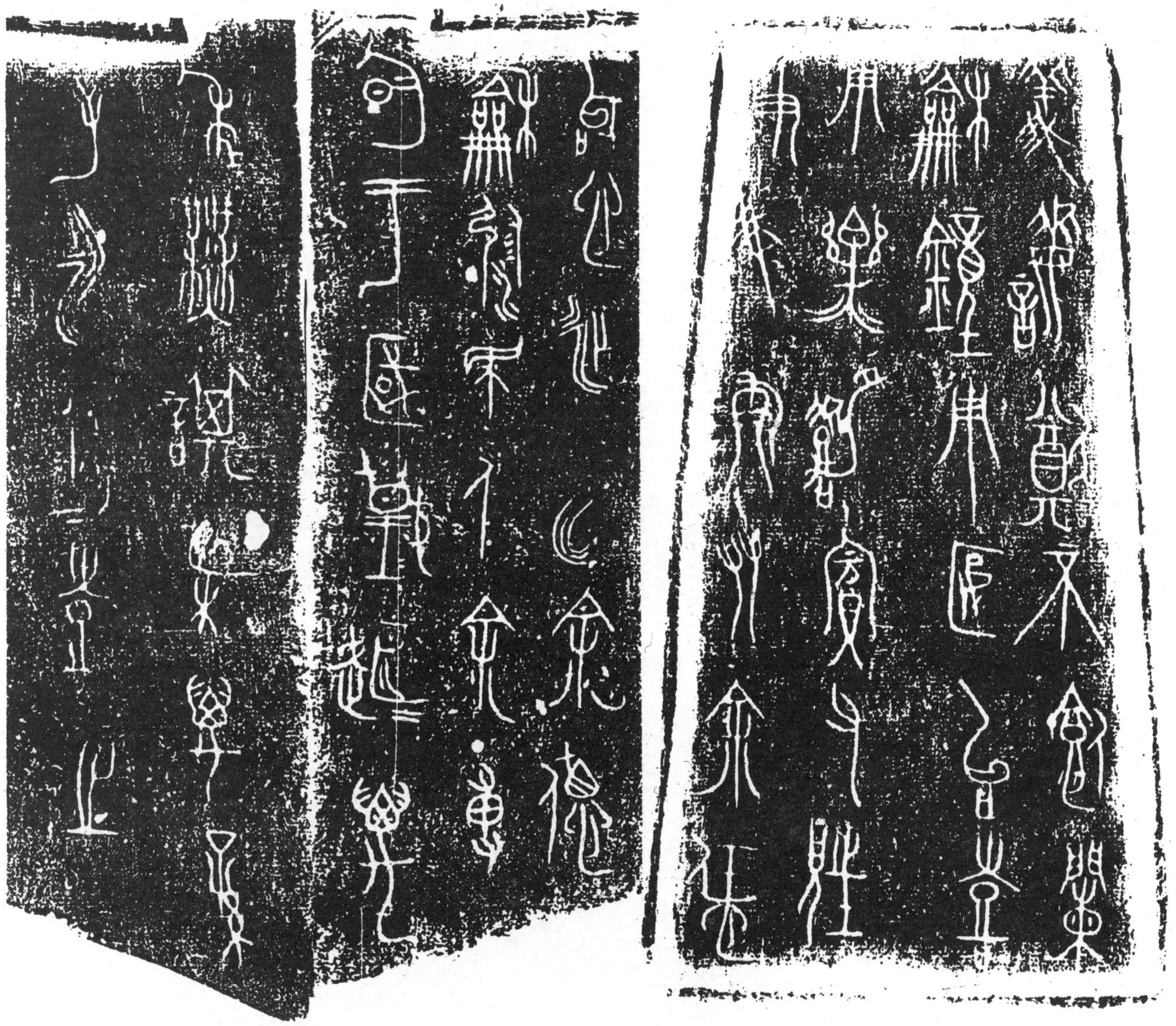

義，誨猷不飤。闌闌
龢鐘，用匽（晏）台（以）喜，
用樂嘉賓父䶇（兄）
及我朋友。余㤅
訇（嗣）心，祉（延）永余德，
龢殄民人，余尃
旬于國。皝（皇）皝（皇）趣（熙）趣（熙），萬
年無諆（期），枼（世）萬孫
子，永保鼓之。

二〇二 楚王酓章鎛 東周·楚

隹(唯)王五十又六祀，返自西鴋(陽)，楚王酓章乍(作)曾侯乙宗彝，寘之于西鴋(陽)，其永時(持)用享。

二〇三　楚王酓璋戈　東周·楚

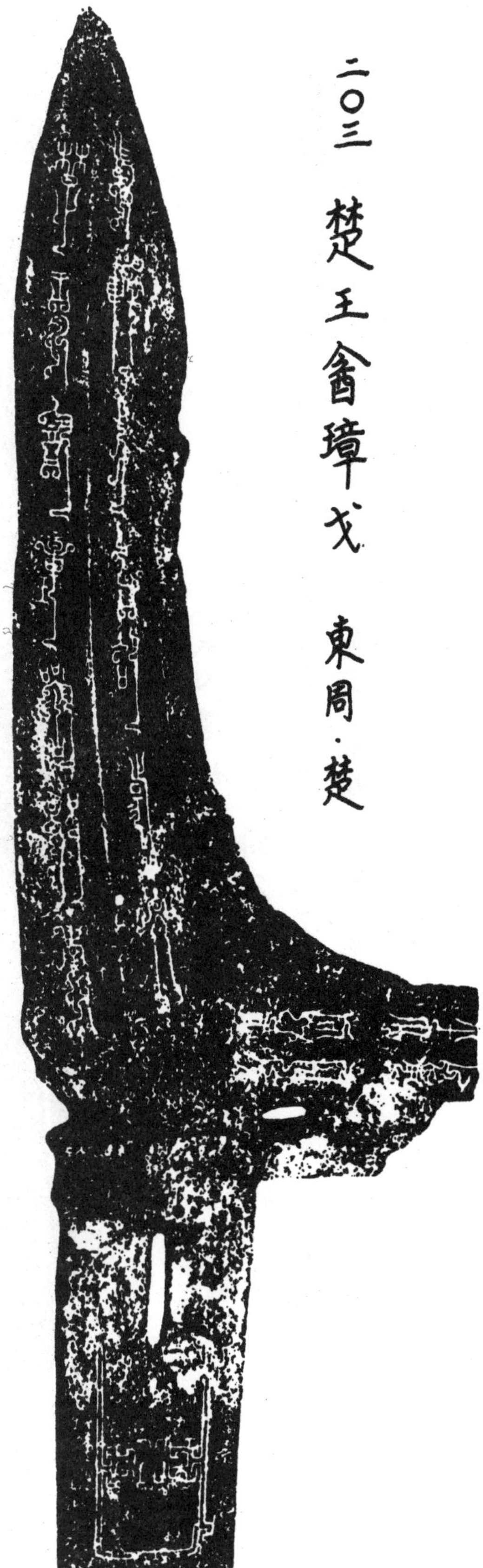

楚王酓璋嚴狃南戉（越），用𡂴
乍（作）𩊚（莘）戈，台（以）卲（昭）𦐧（揚）文武之口。

二〇四　王子申盞　東周·楚

王子申乍（作）嘉嬭
盞𣪕（盂），其𦤎（眉）壽
無碁（期），永保用之。

二〇五 曾姬無卹壺 東周·楚

隹(唯)王廿又六年，聖趄之夫人曾姬無卹，虘(吾)安茲漾陲，蒿閒(間)之無𩡩(匹)，甬(用)乍(作)宗彝(彝)尊(𨽍)壺。後嗣甬(用)之，職才(在)王室。

二〇六 楚王酓肯盤 東周·楚

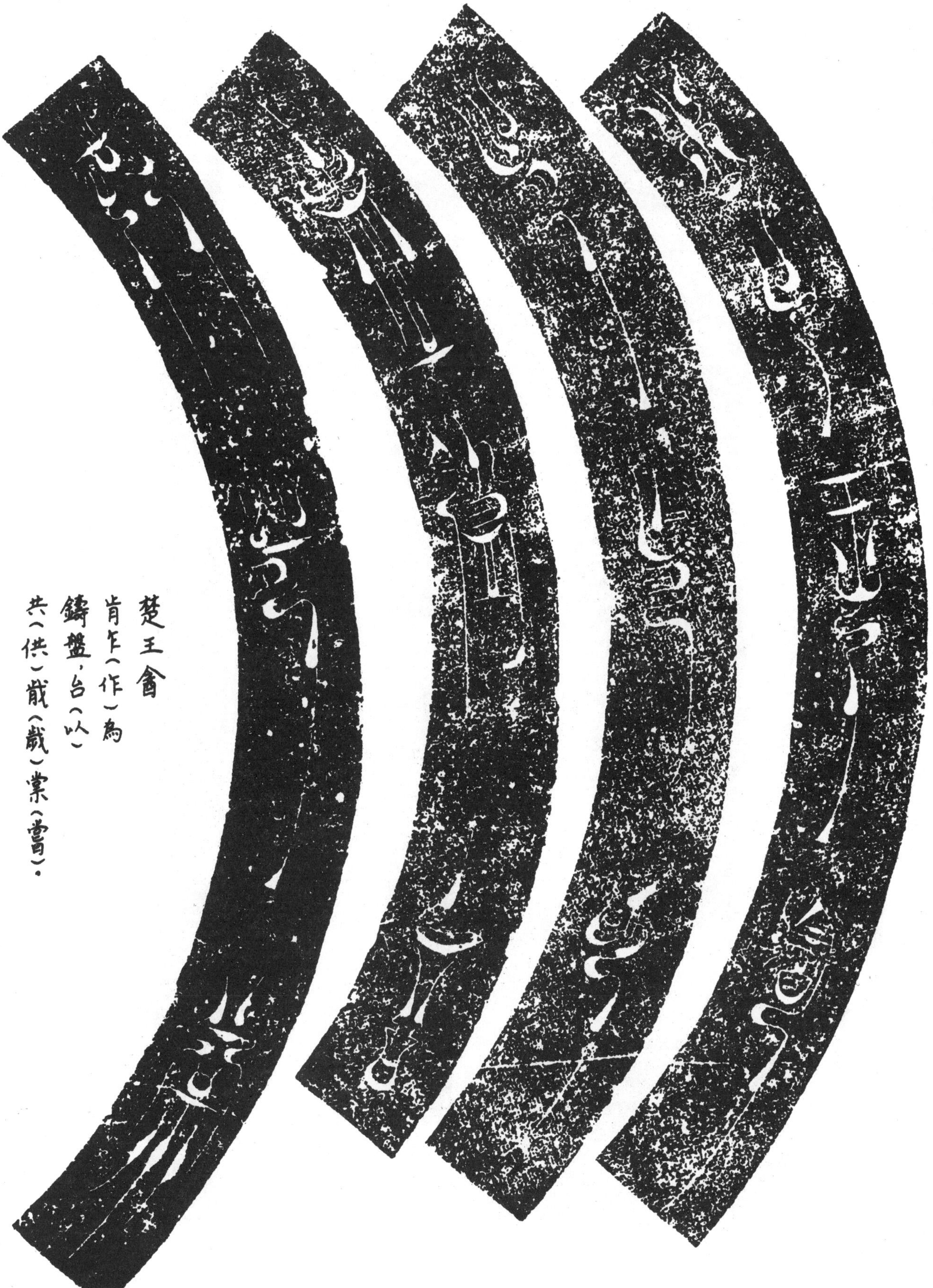

楚王酓
肯乍(作)為
鑄盤，台(以)
共(供)戠(歲)棠(嘗)。

二〇七

楚王酓悍鼎

東周·楚

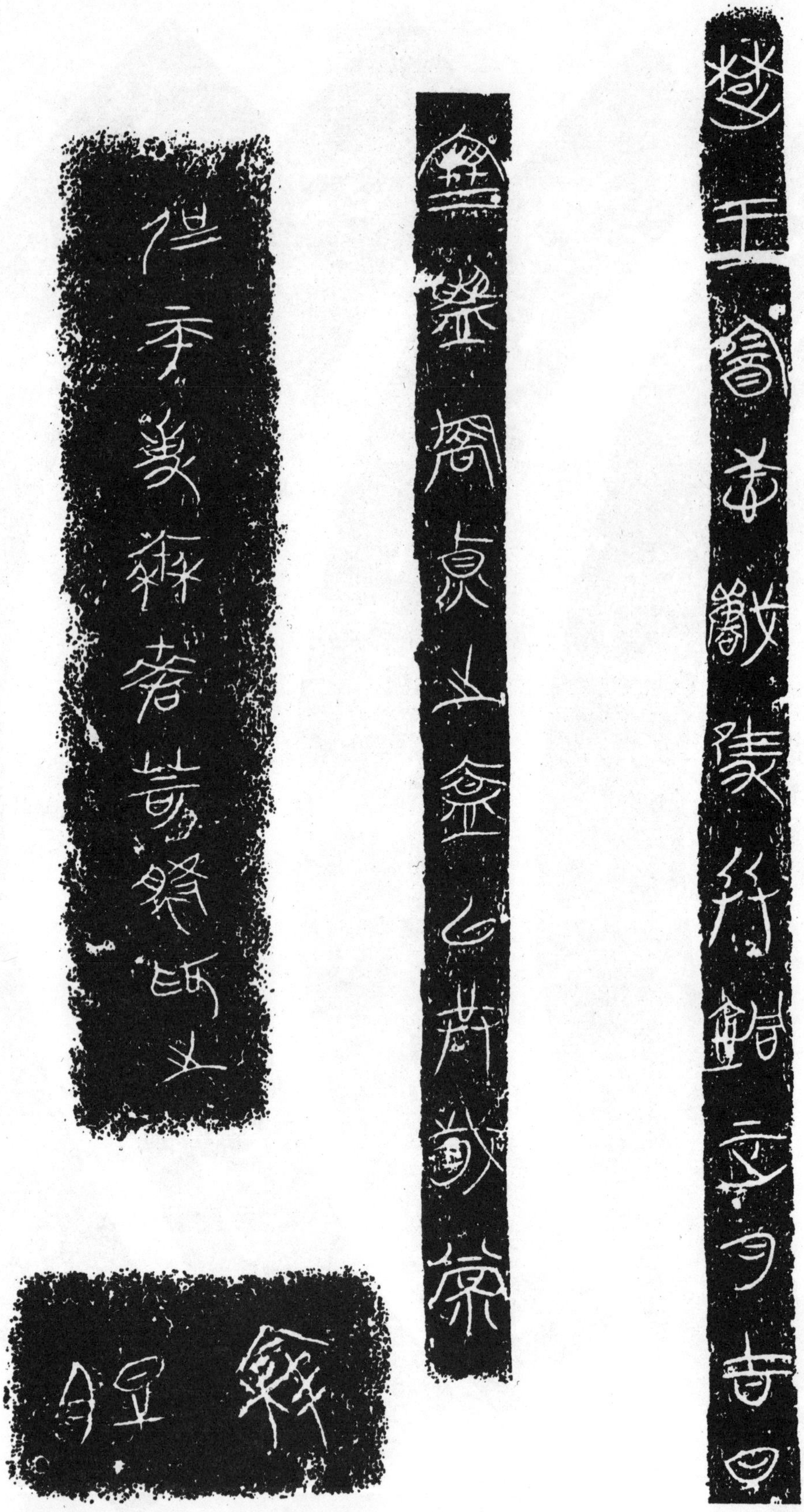

楚王酓忎(悍)戰隻(獲)兵銅，正月吉日
窒鑄喬鼎之盖，以共(供)胾(歲)棠(嘗)。
冶帀(師)吏秦、差(佐)苛膡(蟦)為之。
集脰(廚)。

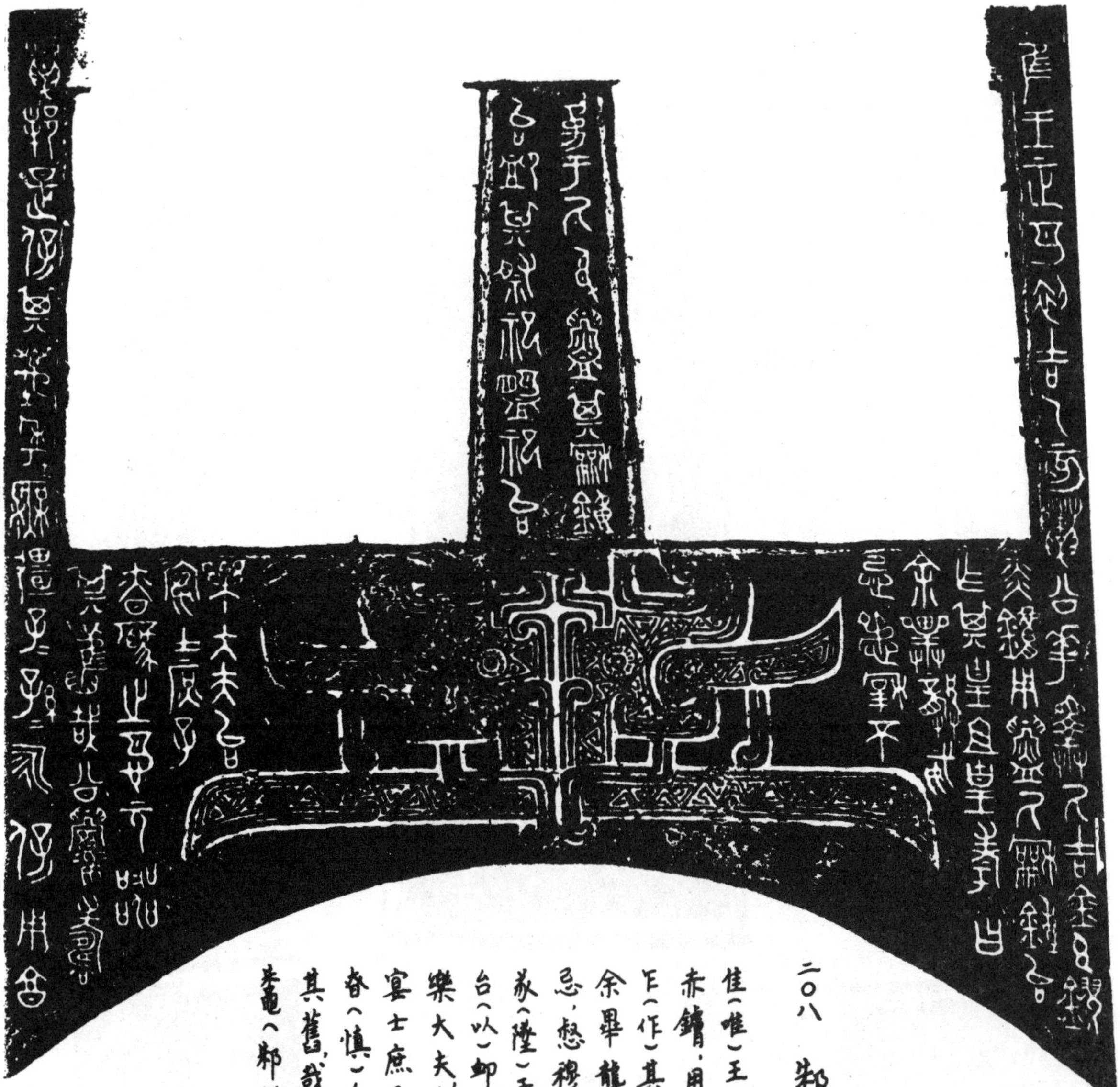

二〇八　邾公華鐘　　東周・邾

佳(唯)王正月初吉乙亥，鼄(邾)公華擇厥吉金玄鏐
赤鏞，用鑄厥龢鐘，台(以)
乍(作)其皇且(祖)、皇考。曰：
余畢龔威(畏)
忌，惄穆不
彖(墜)于厥身。鑄其龢鐘，
台(以)卹其祭祀盟祀，台(以)
樂大夫，台(以)
宴士庶子。
昚(慎)為之名(銘)：元器
其舊，哉(載)公釁(眉)壽，
鼄(邾)邦是保。其萬(萬)年無疆，子子孫孫永保用享。

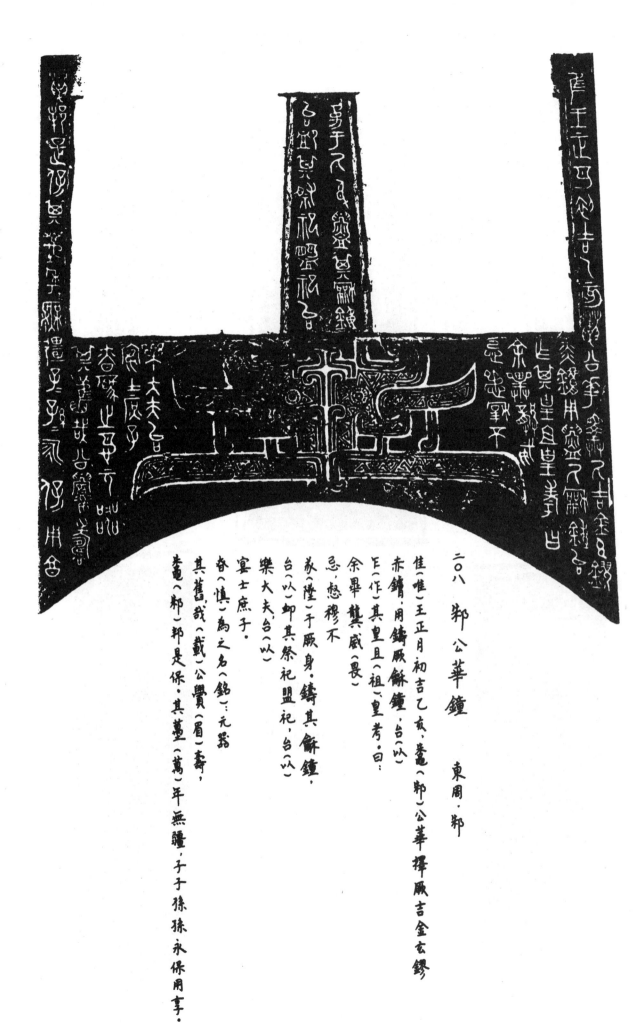

二〇九 鄀公鈺鐘 東周·鄀

陸韢（融）之孫鄀公鈺，乍（作）厥
禾（龢）鐘。用敬
卹盟祀，旂（祈）年
釁（眉）壽。用樂我
嘉穷（賓），及我
正卿。䎽（揚）君霝，君以墓（萬）年。

二一〇 莒侯簋 東周·莒

隹(唯)五年正月丙午，
𨜏(莒)侯少子析乙、孝孫
不(丕)巨，𨥜(合)趣(取)吉金，妳
乍(作)皇妣金君中妃
祭器八𣪘(簋)，永保用享。

二一一 莒大史申鼎 東周·莒

隹(唯)正月初吉辛亥，𨜏
宔(仲)孫簷(莒)大吏(史)申乍(作)
其造鼎十，用延(征)台(以)迮，
台(以)御賓客，子孫是若。

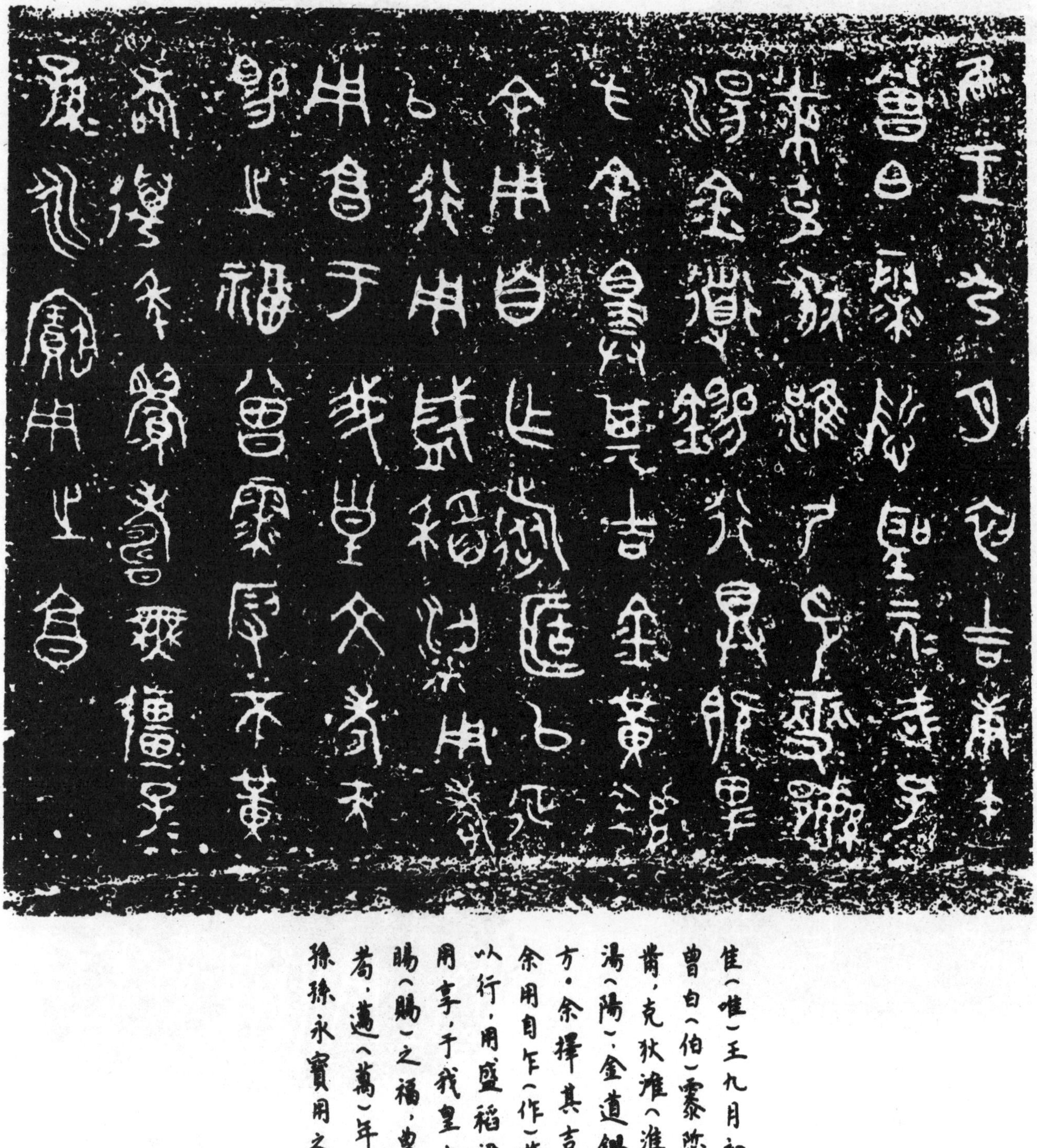

二一三　曾伯霥簋

東周·鄀

隹(唯)王九月初吉庚午，
曾白(伯)霥悊(哲)聖元武，元武孔
黹，克狄淮(淮)尸(夷)，印(抑)燮鄦(緐)
湯(陽)，金道錫(錫)行，具既卑
方。余擇其吉金黃鑄，
余用自乍(作)遊(旅)匠(簠)。以征
以行，用盛稻粱，用養(孝)
用享于我皇文考。天
賜(賜)之福，曾霥叚不黃
耇，邁(萬)年釁(眉)壽無疆，子子
孫孫永寶用之享。

二一三 薛侯盤 東周·薛

辪(薛)侯乍(作)叔妊襄
朕(賸)般(盤)，其釁(眉)
壽萬年，子子
孫孫永寶用。

二一四 薛仲赤簠 東周·薛

徒(走)馬辪(薛)仲赤
自乍(作)其匿(簠)，子子
孫孫永保用亯(享)。

二一五

鑄公簠

東周·鑄

鑄叔乍(作)嬴氏寶匿(簠)·其萬年釁(眉)壽,永寶用。

二一六

鑄叔簠

東周·鑄

鑄公乍(作)孟妊車母朕(賸)𠤳(簠)。其萬年釁(眉)壽·子子孫孫永寶用。

二一七　郝造遣鼎

東周・郝

郝⿺辶艁（造）遣乍（作）寶鼎，子子孫孫用享。

二一八　郝遣簋

東周・郝

郝遣乍（作）寶毁（簋）。用追孝于其父母，用易（賜）永壽，子子孫孫永寶用享。

二一九 紀伯盨

東周·紀

㠱(紀)白(伯)子庭父乍(作)其征須(盨)，其陰其陽，以征以行，割(匄)釁(眉)壽無疆，慶其允牂(臧)。

二二〇　杞伯簋　　東周·杞

杞白(伯)每亡乍(作)鼄(邾)⿰女㯥(曹)寶毁(簋)，子子孫孫丞(永)寶用享。

二二一　費敏父鼎　　東周·費

弗(費)敏父乍(作)孟姒府賸鼎，其釁(眉)壽萬年永寶用。

二二二

魯伯愈父匜　東周·魯

魯白(伯)愈父乍(作)
鼄(邾)姬𡴞朕(賸)盥(沫)
也(匜),其永寶用。

二二三

魯伯愈父簠　東周·魯

魯白(伯)俞(愈)父
乍(作)姬𡴞匿(簠)。
其萬年釁(眉)
壽,永寶用。

二二四　魯大司徒匜　東周·魯

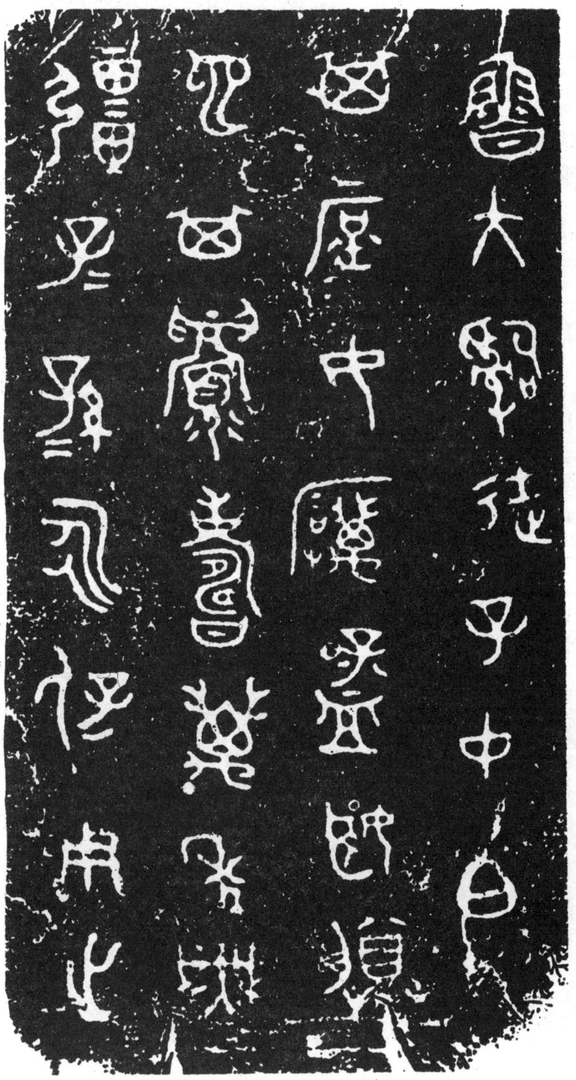

魯大𤔲(司)徒子仲白，乍(作)
其庶女礪孟姬賸
也(匜)。其𥃝(眉)壽萬年無
疆，子子孫孫，永保用之。

二二五 厚氏簠 東周·魯

魯大嗣(司)徒厚氏
元乍(作)善匬(簠)，其釁(眉)
壽萬年無疆，子子
孫孫永寶用之。

二二六 齊侯盂

東周·齊

齊侯乍(作)朕(媵)子
仲姜寶盂·其
釁(眉)壽邁(萬)年·
永保其身·子子
孫孫永保用之·

二二七　歸父盤

東周・齊

佳(唯)王八月
丁亥、齊大
宰遐(歸)父㕻
為忌(其)盥(沬)盤。
台(以)旟(祈)釁(眉)壽、
霝命難老。

國差（佐）立（位）事歲，
戊日（月）丁亥，攻帀（師）
佸鑄西亯（墉）寶
𦉜四秉。用實
旨酉（酒），侯氏受
福𩓾（眉）壽，卑（俾）旨
卑（俾）瀞（清），侯氏毋（毋）
咎（咎）毋（毋）疒，齊邦
鼏（鼏）諡（靜）安寍（寧），子子
孫孫永保（保）用之。

一三八 國佐𦉜 東周·齊

二二九 陳肪簋

東周·齊

隹（唯）王五月元日
丁亥，肪曰：余陸（陳）仲
㦰孫，竃（鳌）叔和子，
龏（恭）盅（寅）禮（鬼）神，畢龏
愄（畏）忌，屖彝（選）擇吉金，
乍（作）兹寶毁（簋），用追
孝厥考皇毁（簋）鐘。

二三〇　陳逆簋

東周·齊

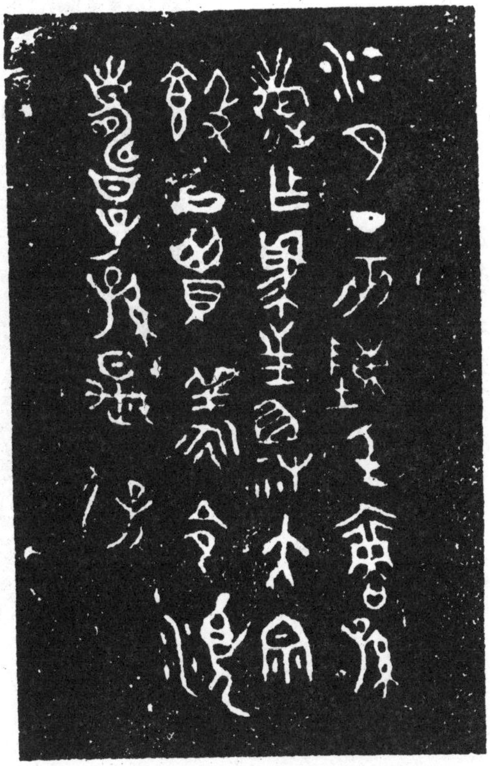

冰月丁亥，墜(陳)氏裔孫逆乍(作)為生(皇)禖(祖)大宗段(簋)。以貺(匄)羕(永)令(命)須(眉)壽，子孫是保。

二三一　陳曼簠

東周·齊

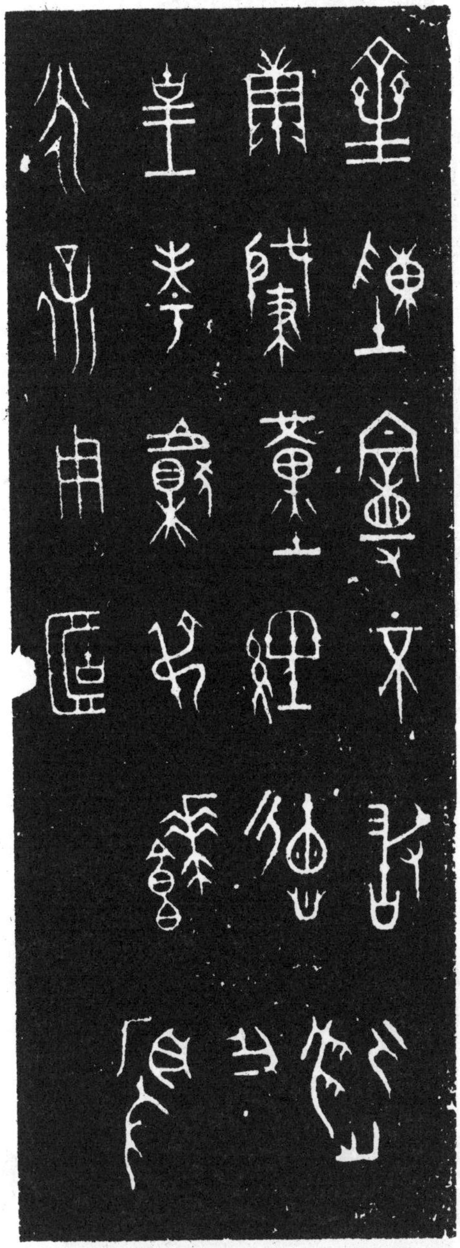

齊墜(陳)曼不敢达(逸)康，肈堇經德，乍(作)皇考獻叔饙般(盤)，永保用。匿(簠)。

二三二 陳純釜 東周・齊

墜(陳)猶立(莅)事歲，
鬪(酎)月戊寅，処(處)
兹安陵亭，命
左關帀(師)發，敕
主左關之釜(釜)，
節于𠭯(廩)釜(釜)，敦
者曰墜(陳)純。

二三三 陳侯午敦 東周・齊

隹(唯)十又四年，
墜(陳)侯午台(以)群
者(諸)侯獻(獻)金，乍(作)
皇妣(妣)孝大妃
祭器鐘錞。台以
烝(烝)台(以)嘗，保又(佑)
齊邦，永萓(世)毋(毋)
忘。

二三四 燕王詈矛 東周・燕

郾（燕）王詈乍（作）巨玫鉚（矛）。

二三六 燕王職戟 東周・燕

郾（燕）王職乍（作）玫鋸。

二三五 燕王戎人戟 東周・燕

郾（燕）王戎人乍（作）玫鋸。

二三七 燕王喜劍 東周・燕

郾（燕）王喜𢍉（作）桼者鈦。

二三八 中山王譻鼎

東周·中山

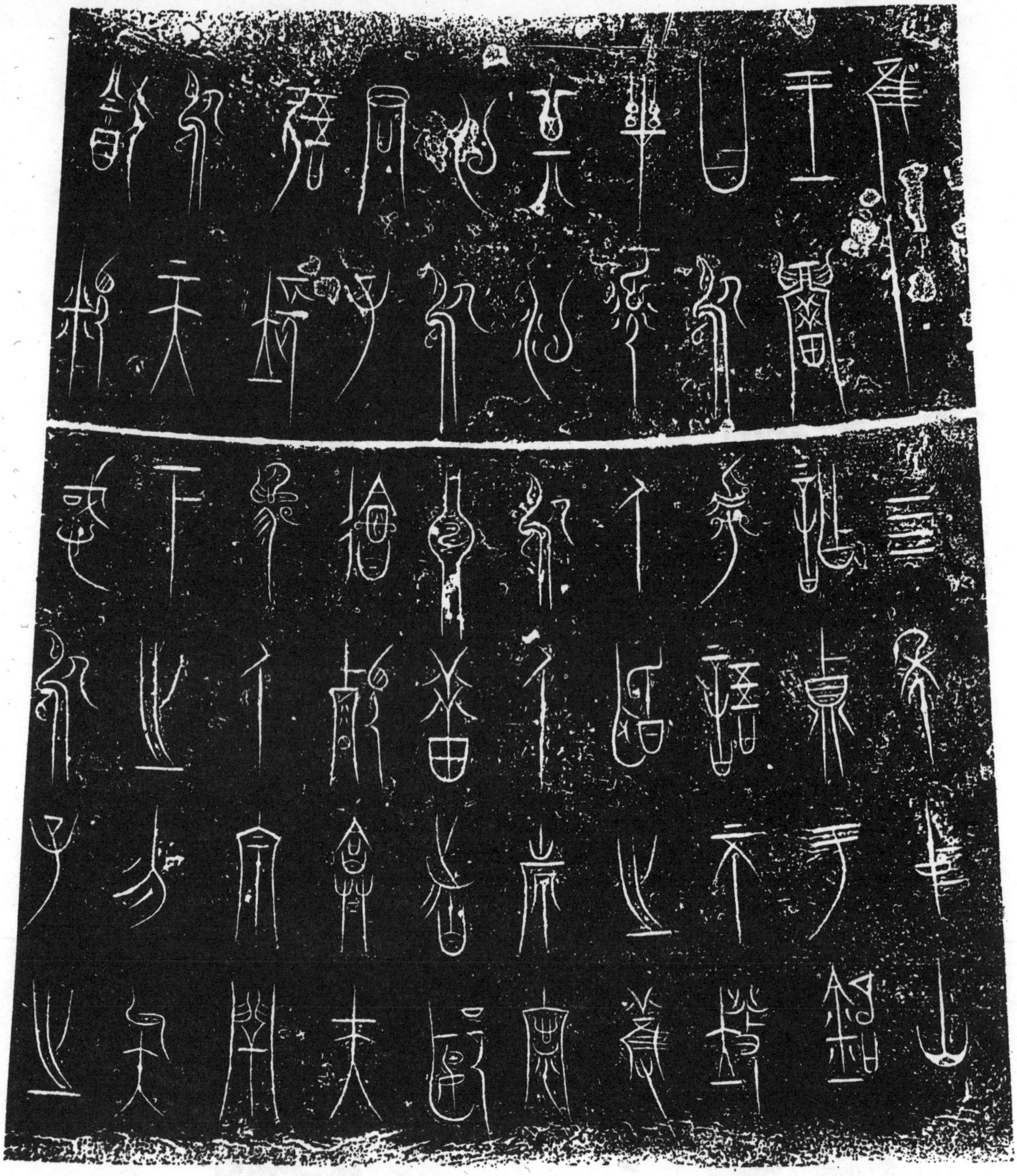

隹(唯)十四年，中山
王譻詐(作)鼎，于銘
曰：於(嗚)虖(呼)：語不𤼷(廢)
𡚸(哉)！寡(寡)人聸(聞)之，蒦
其汋(溺)於人施(也)，寧
汋(溺)於淵(淵)。昔者，郾(燕)
君子徻，觀(叡)弇夫
䛠(悟)，㙊(長)為人主，開
於天下之勿(物)矣，
猶粯(迷)惑於子之

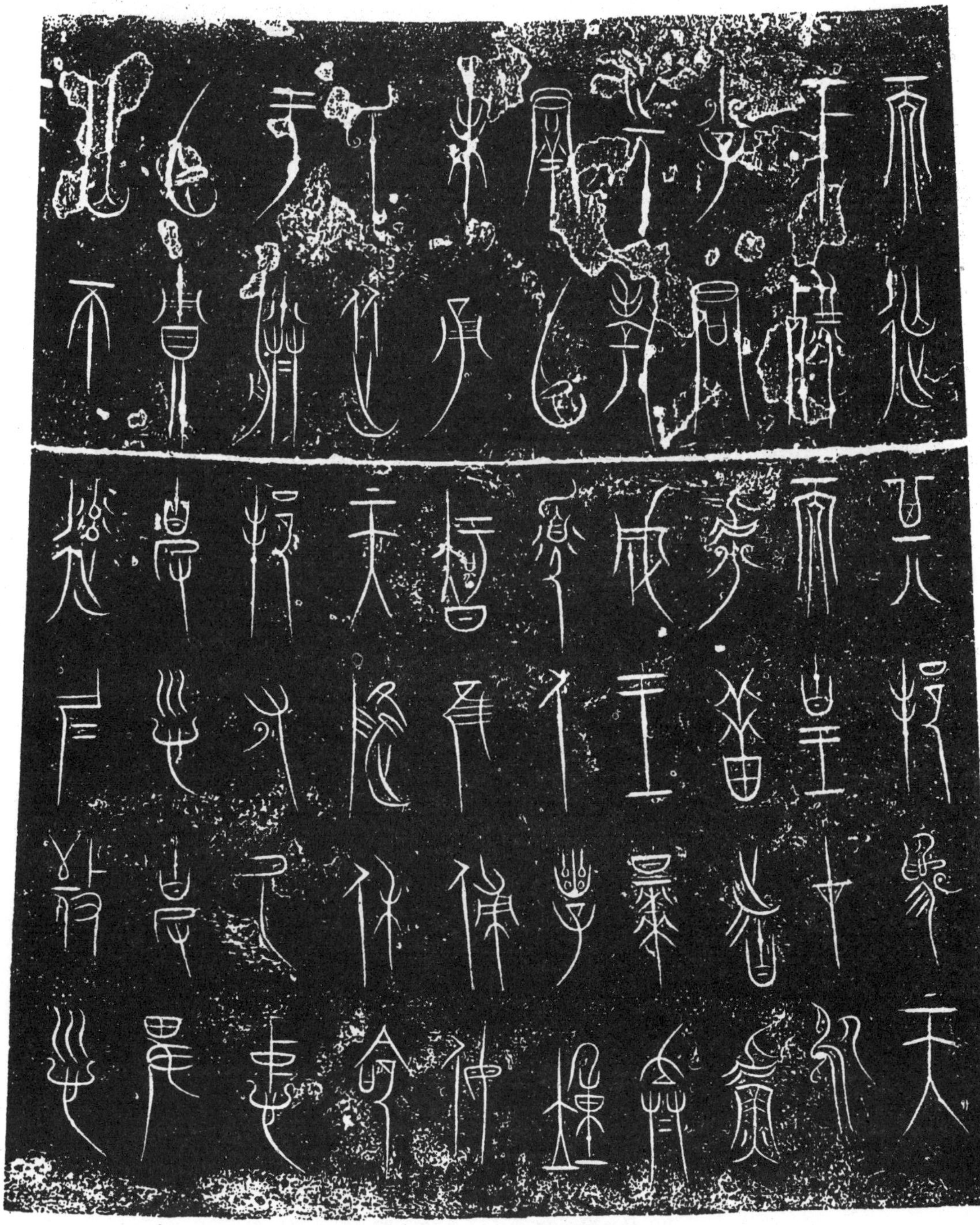

而迮（亡）其邦，爲天
下僇（戮），而皇（況）才（在）於
尐（少）君虖（乎）？昔者，盧（吾）
先考成王，曩（早）弃（棄）
群臣，寡（寡）人學（幼）壃（童）
未甬（通）智，隹（唯）俌（傅）㑄（姆）
氏（是）從，天隆（降）休命
于朕邦，又（有）厥忠
臣貯，克忠（順）克卑（俾），
亡（無）不逵（率）仁，敬忠（順）

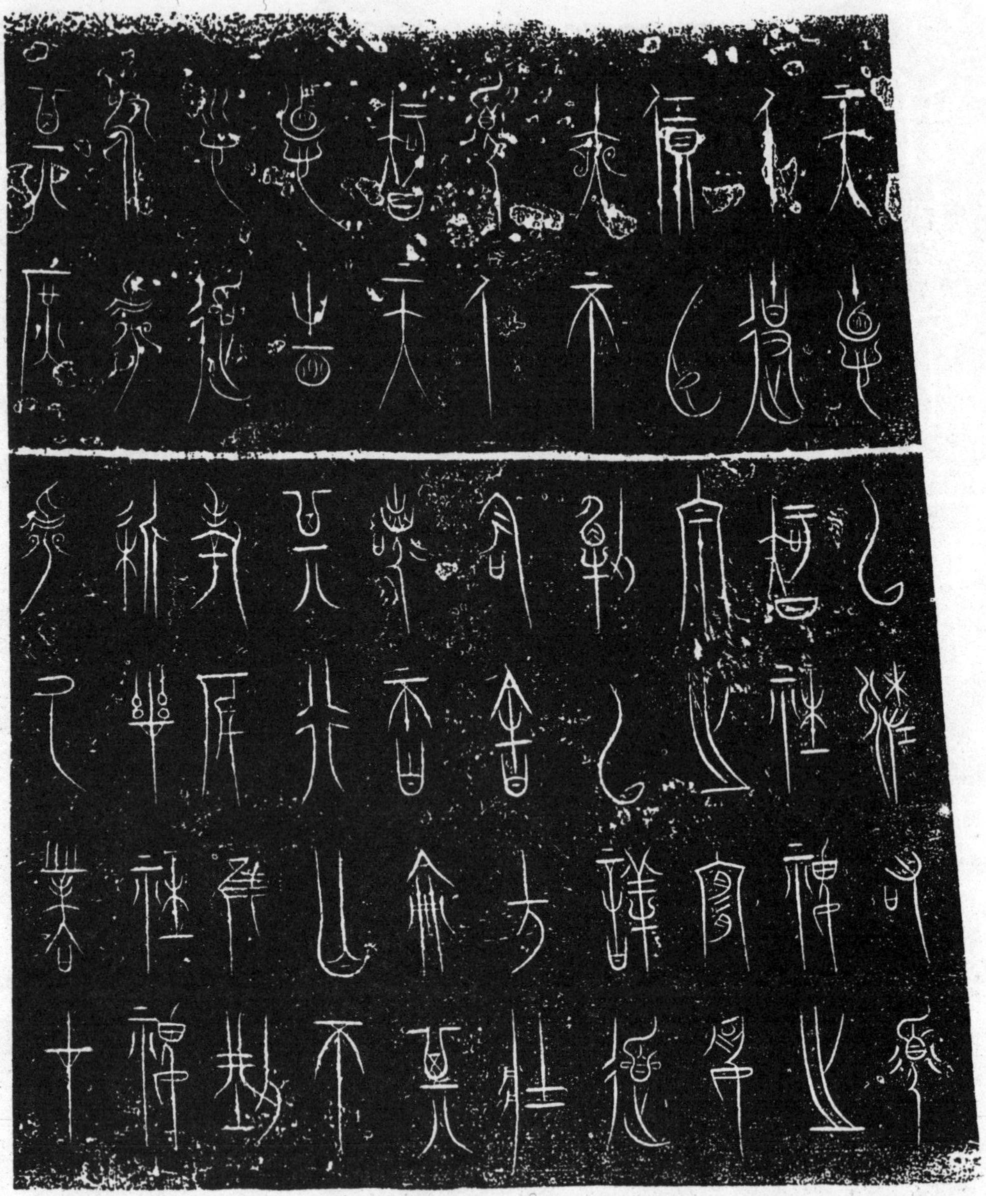

天惪（德），以㔫（左）右𡨦（寡）
人，速（使）智（知）社禝（稷）之
賃（任），臣主之宜（義），夙
夜不解（懈），以諱（善）道（導）
𡨦（寡）人。含（今）舍（余）方壯，
智（知）天若否，侖（論）其
惪（德），眚（省）其行，亡（無）不
𢘓（順）道，考厇（度）隹（唯）型。
於（嗚）虖（呼），折（哲）𢦏（哉）！袿（社）禝（稷）
其庶虖（乎），厥業（業）才（在）

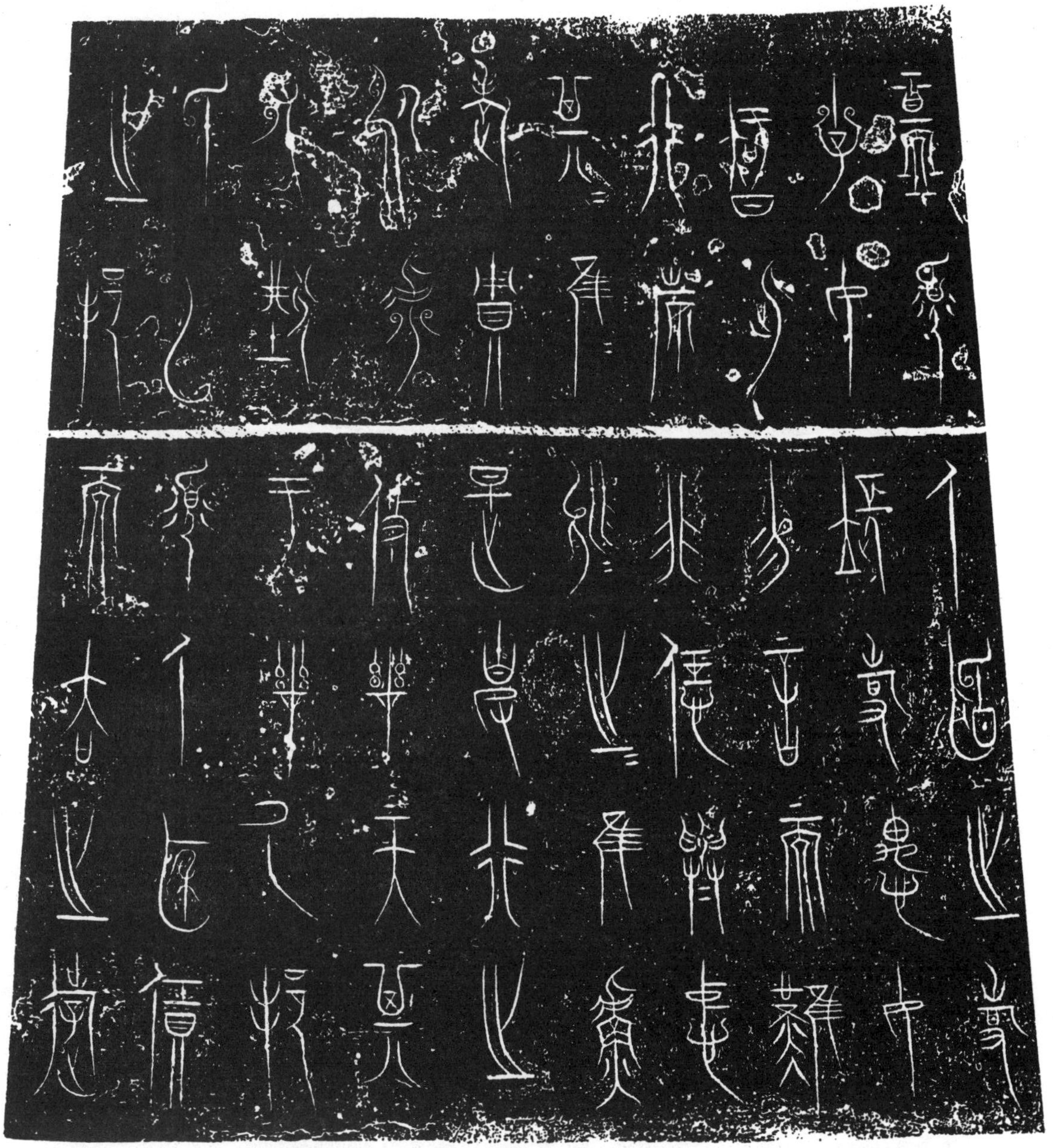

祗，寡(寡)人聞(閒)之，事𡭔(少)女(如)張(長)，事愚女(如)智，此易言而難行施(也)。非恁(信)與忠，其隹(誰)能之？其隹(誰)能之，隹(唯)虘(吾)老貯，是克行之。於(嗚)虖(呼)，攸𢦏(哉)！天其又(有)㓝(刑)，于𢦏(茲)厥邦。氏(是)以寡(寡)人委(委)賃(任)之邦而去之遊，

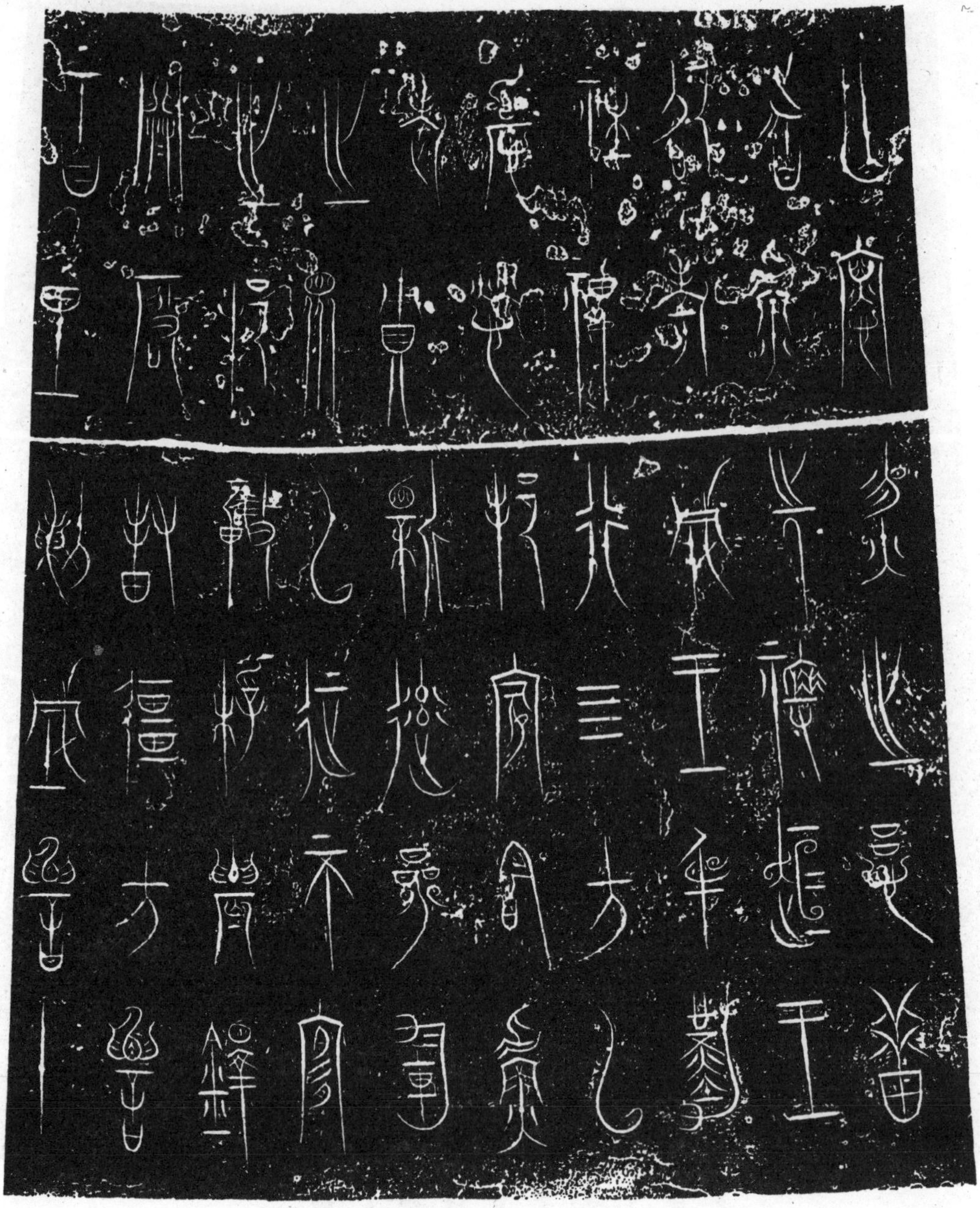

亡（無）寡（懷）易（惕）之慮（慮）。昔
者，䖒（吾）先祖桓王，
卲（昭）考成王，身勤
社（社）禝（稷），行四方，以
憂（憂）悠（勞）邦家。含（今）䖒（吾）
老賙親（親）逹（率）參（三）軍
之衆，以征不宜（義）
之邦，奮（奮）桴晨（振）鐸，
闢（闢）啟封疆，方譲（數）
百里，剌（列）城譲（數）十，

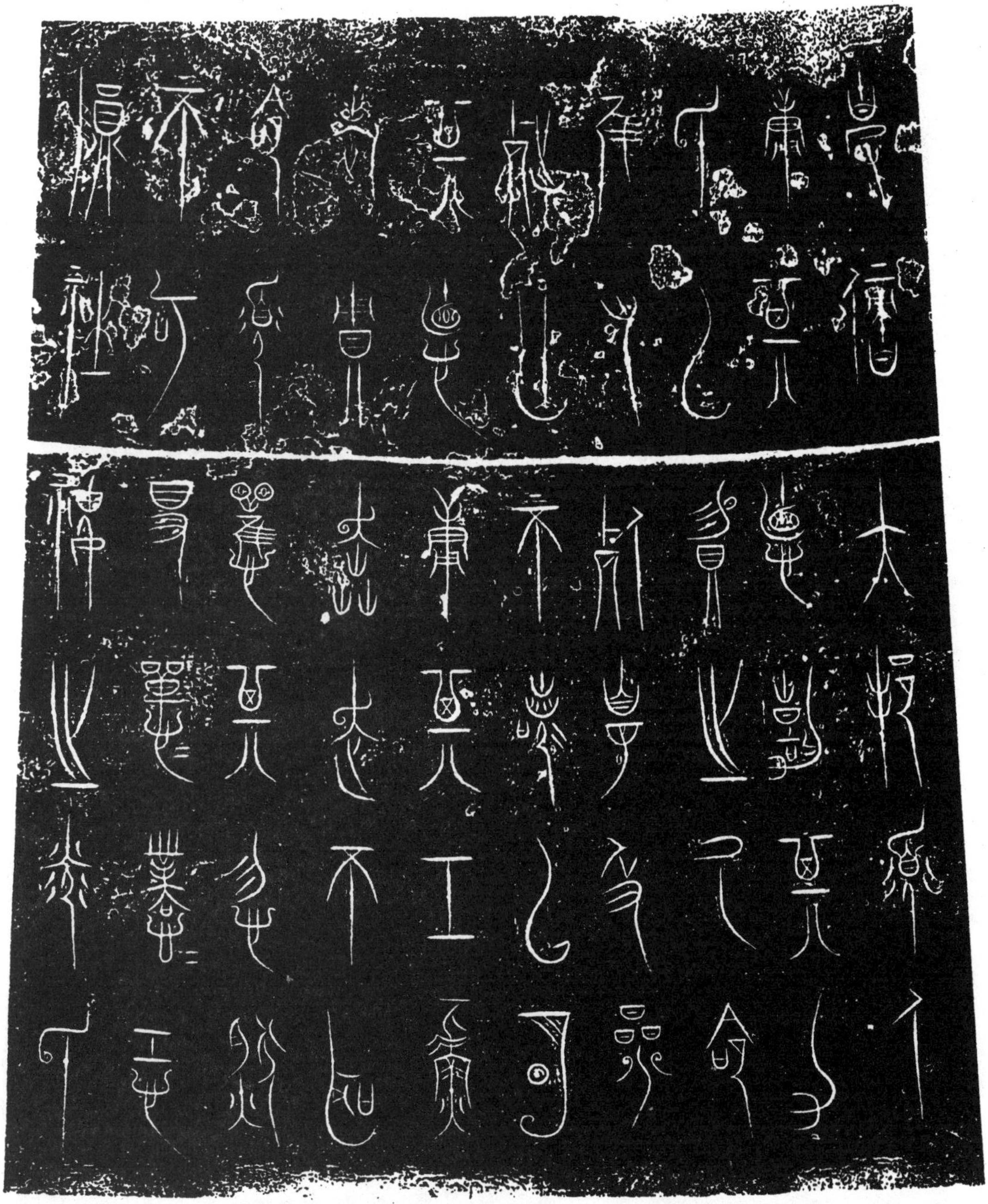

克倘（敵）大邦·寡（寡）人
庸其悳（德），嘉其力，
氏（是）以賜之厥命：
隹（雖）又（有）死辠（罪），及参（三）
殜（世），亡（無）不若（赦）。以明
其悳（德），庸其工（功）。虞（吾）
老貯奔走不聑（聽）
命，寡（寡）人懼其忽然
不可旻（得），憚憚憛（業）憛（業），忢（恐）
隕社（社）稷（稷）之光，氏（是）

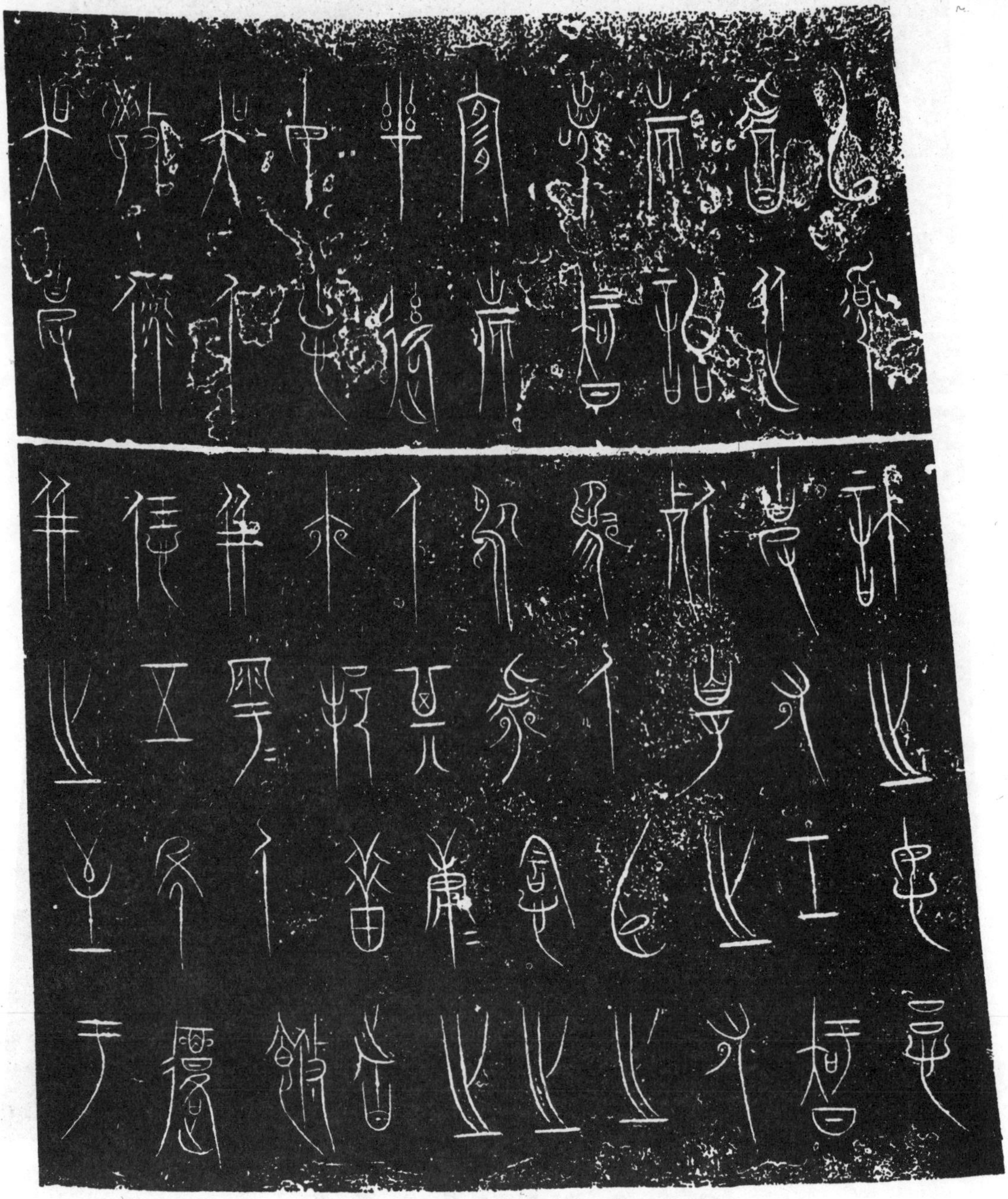

以寡（寡）人許之，毋（謀）慮（慮）
虐（皆）從，克又（有）工（功），智
施（也）。詒（辭）死辠（罪）之又（有）
若（赦），智（知）爲人臣之
宜（義）施（也）於（嗚）虖（呼）念（念）之
哉（哉）！後人其庸庸之，
母（毋）忘尔（爾）邦。昔者，
吳人并雩（越），雩（越）人飲（修）
教備恁（信），五年復（覆）
吳，克并之，至于

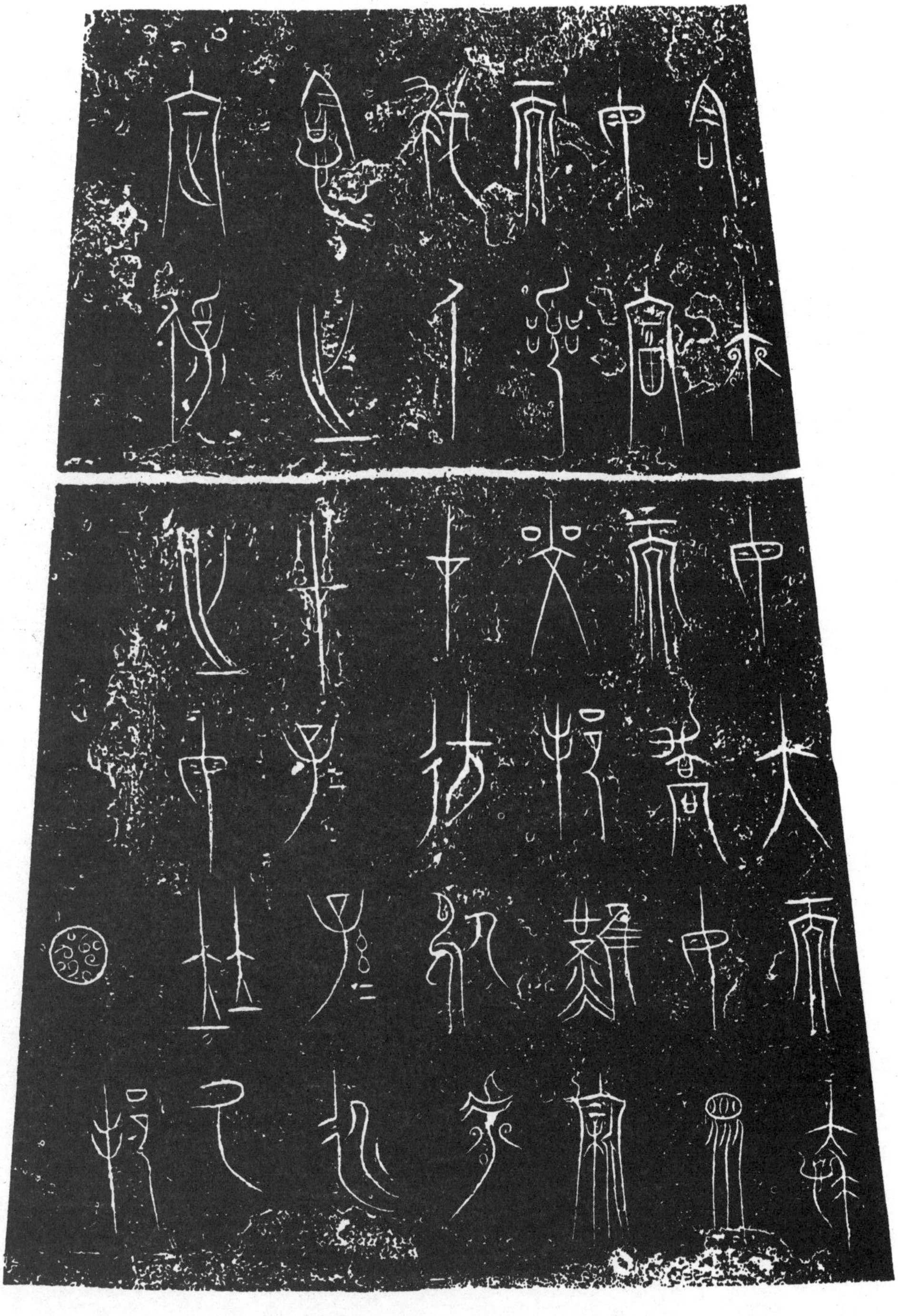

含（今）尔（爾）母（毋）大而怖（肆），
母（毋）富而喬（驕），母（毋）众
而買，吝（鄰）邦難新（親），
戕（仇）人才（在）彷（旁）。於（嗚）虖（呼），
悆（念）之𢦏（哉）！子子孫孫永
定保之，母（毋）竝（替）厥
邦。

中山王譽壺

東周·中山

隹(唯)十四年，中山王譽命相邦貯
斁(擇)郾(燕)吉金，封(鑄)為彝壺。節于醠(禋)醑(齊)，
可灋(法)可尚，以鄉(饗)上帝，以祀先王。
穆穆濟濟，嚴敬不敢怠(怠)荒，因𫷷(載)所美，
卲(昭)𠭯皇工(功)，詆(詆)郾(燕)之訛，以憼(儆)嗣王，

隹(唯)朕皇祖文、武，桓祖、成考，是又(有)
純(純)惪(德)遺怂(訓)，以阤(施)及子孫，用隹(唯)朕
所放(倣)，慈孝寰(宣)惠，擧(舉)孯(賢)逮(使)能。天不
臭(斁)其又(有)忎(愿)，逮(使)旻(得)孯(賢)在(才)良猛(佐)貯，以
輔相厥身。余智(知)其忠諿(信)施(也)，而譸(專)

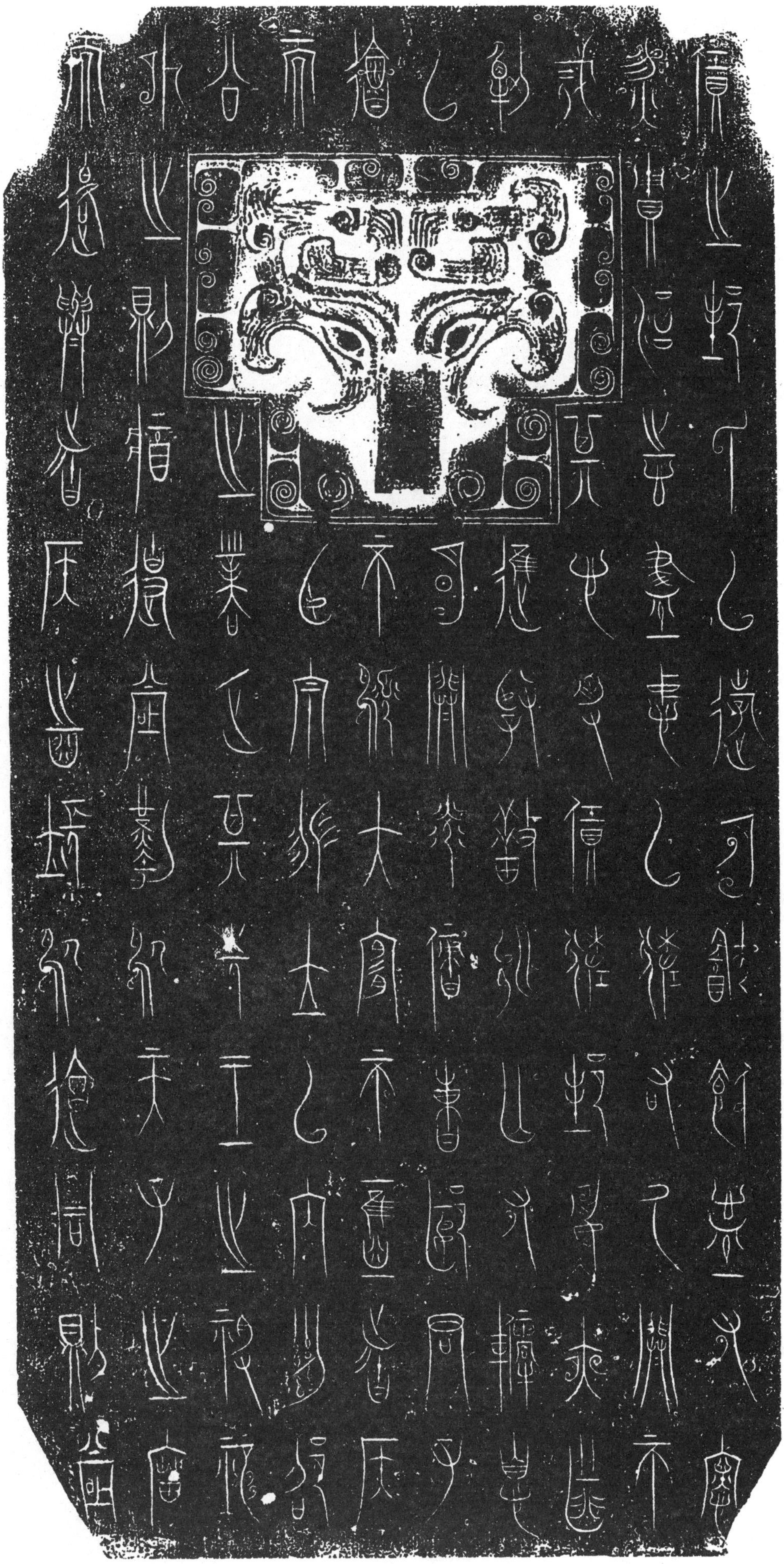

賃(任)之邦。氏(是)以遊夕㱃(飲)飤，寍(寧)又(有)寠(懅)
焬(惕)。貯渴(竭)志盡忠，以⿰犭差(左)右厥闢(辟)，不
貣(貳)其心，受賃(任)⿰犭差(佐)邦，夙夜篚(匪)
解(懈)，進孯(賢)散(措)能，亡(無)又(有)⿰車單息，
以明闢(辟)光。⿰亻啇(適)曹(遭)郾(燕)君子

儈，不顧(顧)大宜(義)，不舊(就)者(諸)侯，
而臣主易立(位)，以內絕邵(召)
公之業(業)，乏其先王之祭祀，
外之，則牆(將)速(使)堂(上)勤(覲)於天子之庿(廟)，
而退與者(諸)侯齒⿰女長(長)於⿺辶會(會)同，則堂(上)

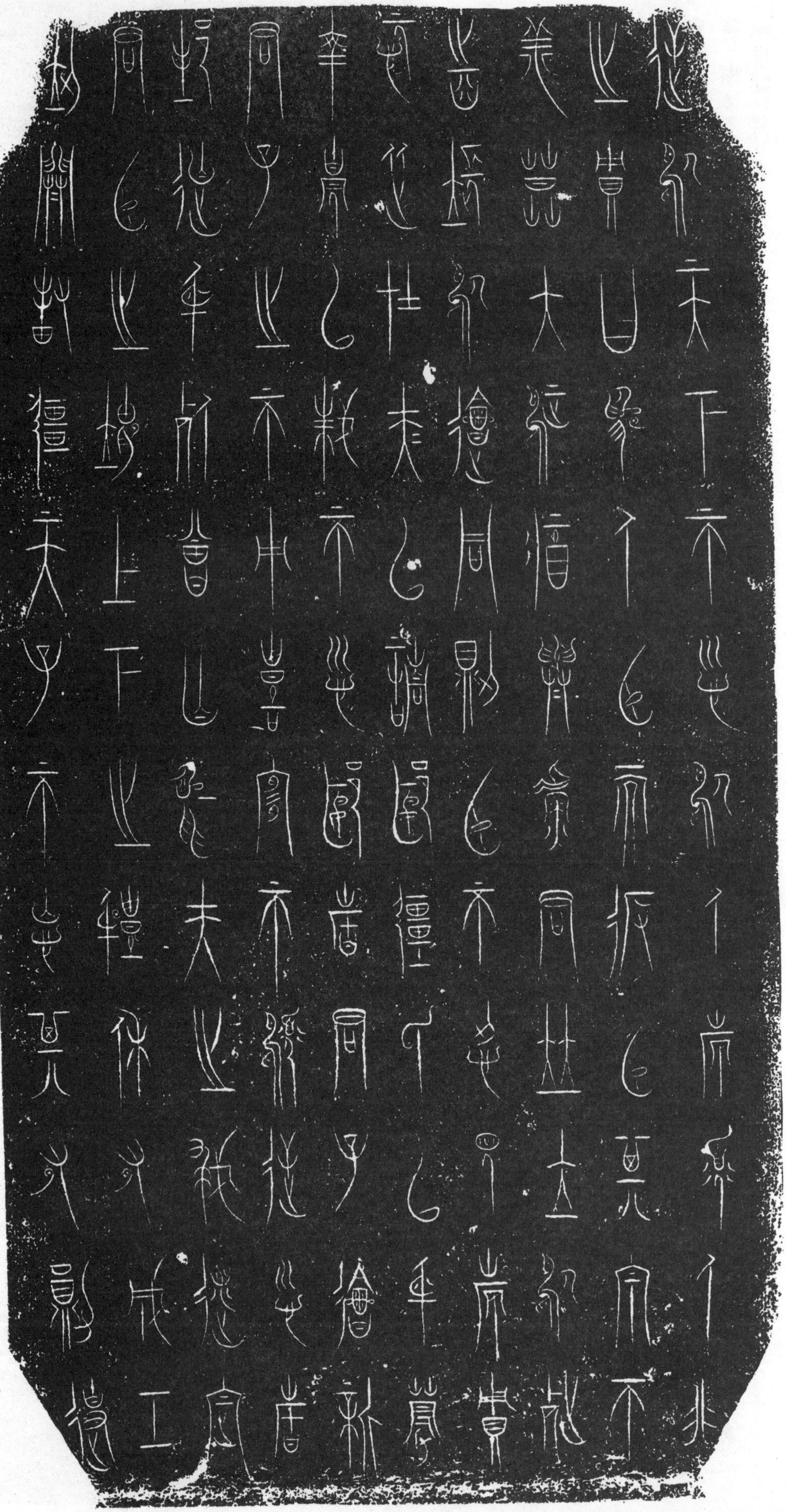

逆於天，下不怨（順）於人施（也）。寡（寡）人非
之。貯曰：為人臣而仮（反）臣其主，不
羊（祥）莫大焉。牆（將）與盧（吾）君並立於殜（世），
齒張（長）於逾（會）同，則臣不忍見施（也）。貯
忑（願）從（從）在大夫，以請（靖）郾（燕）疆。氏（是）以身蒙

皋（皋）冑，以栽（誅）不怨（順）。郾（燕）故（故）君子徻，新
君子之，不用豊（禮）宜（義），不顧（顧）逆怨（順），故（故）
邦亡（亡）身死，曾亡（無）鼠（一）夫之救（救）。述（遂）定
君臣之蹔（位），上下之體（體），休又（有）成工（功），
刱（創）闢封疆。天子不忘其又（有）勛（勳），使（使）

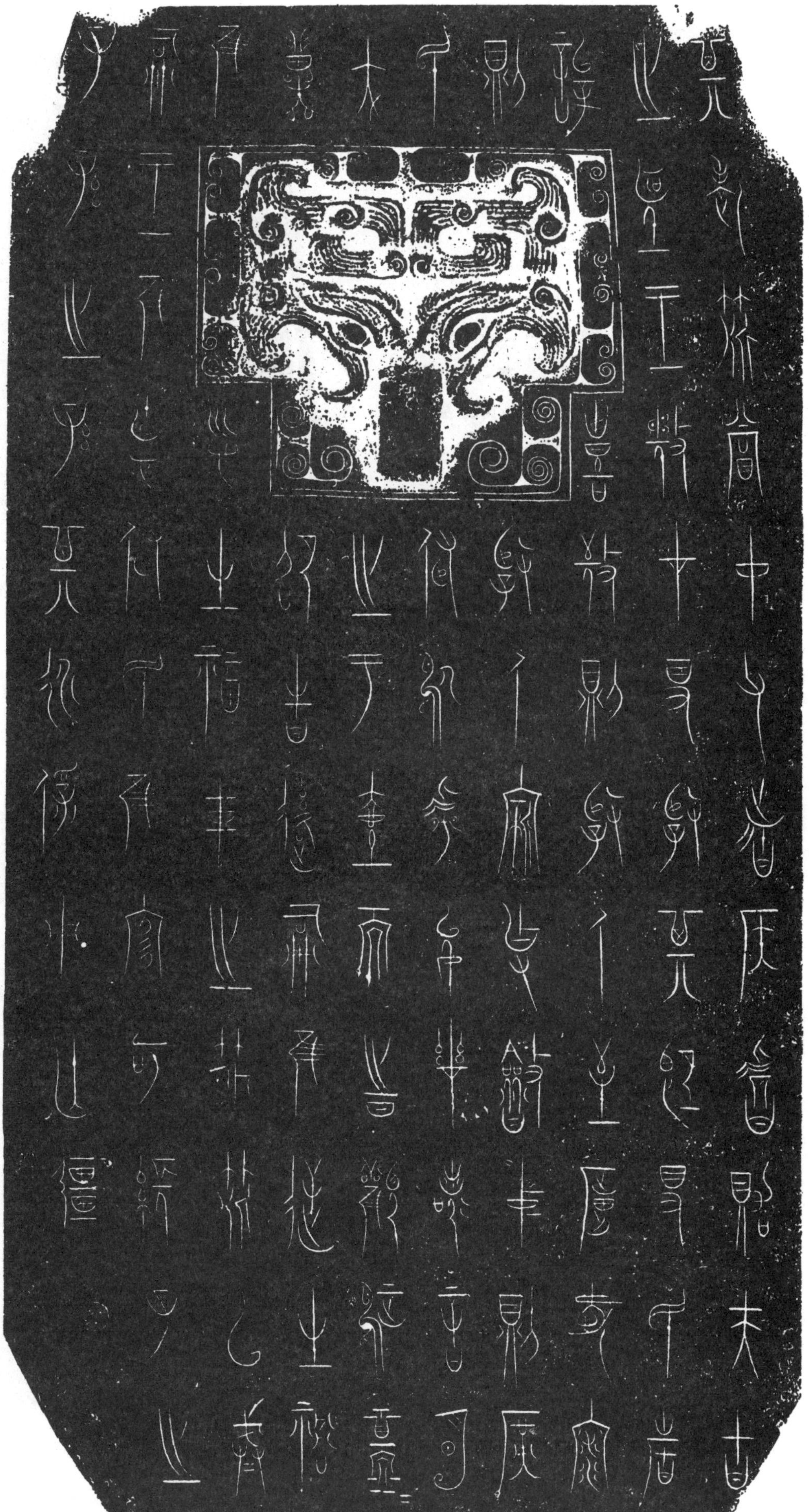

其老筞（策）賞仲父，者（諸）侯膚（皆）賀。夫古之聖王敄（務）才（在）旻（得）孯（賢），其即（次）旻（得）民。故（故）辞（辭）豊（禮）敬則孯（賢）人至，㦬悉（愛）深則孯（賢）人新（親），钕（作）斂（斂）中則庶民㚔（附）。於（嗚）虖（呼），允哉（哉）若言！明

戈之于壺而旹（時）觀焉。祗祗翼〻，卲（昭）告後嗣，隹（唯）逆生禍，隹（唯）悘（順）生福，𨍭（載）之箕（簡）筞（策），以戒嗣王。隹（唯）悳（德）㚔（附）民，隹（唯）宜（義）可緩（長）。子之子孫之孫，其永保用亡（無）疆。

二四〇 𧊒蚉壺

東周·中山

胤𦔻(嗣)𧊒
蚉敢明
昜(揚)告：昔
者，先王
㜰(慈)悉(愛)百
每，竹胄
亡(無)疆，日
夂(夜)不忘，
大𡍮(去)型(刑)
罰，以憂
厥民之
隹(唯)不𨒌(辜)。
或旻(得)貿(賢)
㹃(佐)司馬
貯，而冢(重)
貢(任)之邦。
逢(逢)郾(燕)亡(無)
道湯(敭)上
子之，大
辟(辟)不宜(義)，

彶（及）臣丌（其）
主，佳（唯）司
馬貯訢
詻戰忈（怒），
不能寍（寧）
處，逹（率）師
征郾（燕），大
啓邦沂（宇），
枋（方）譔（數）百
里，佳（唯）邦
之榦。佳（唯）
送（朕）先王，
茅蒐𤰞（畋）
獵，于皮（彼）
新坴（土），其
邉（會）女（如）林，
馭（馭）右和
同，四駐（牡）
汸汸，以取

鮮薑(槁)，鄉(饗)
祀先王，
悳(德)行盛
生(旺)，隱逸(逸)
先王。於(嗚)
虖(呼)，先王
之悳(德)，弗
可復旻(得)。
霖(潸)霖(潸)流霈(涕)，
不敢寧
處，敬命
新墜(地)，雨(䨗)
祠先王，
殜(世)殜(世)母(毋)䢅(犯)，
以追庸
先王之
工(功)剌(烈)。子子
孫孫毋(毋)又(有)
不敬，寔(寅)
祗承祀。

二四一 左官鼎

東周·周

公朱（廚）。左自（官）。
十一年十一
月乙巳朔，左
自（官）冶大夫杕命
冶憙鑄鼎，
容一斛。

二四二 趙孟介壺

東周·晉

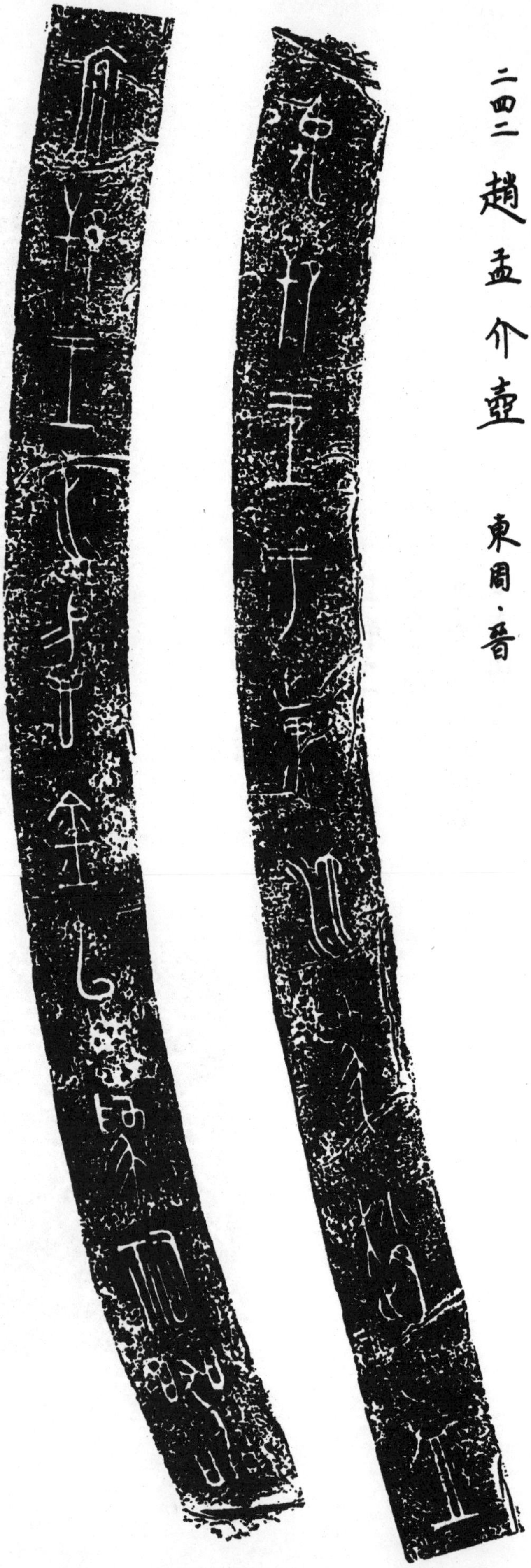

禺（遇）邗王于黃池，爲趙孟庎（介），邗王之惕（賜）金，以爲祠器。

二四三 長子䵷臣簠

東周·晉

隹(唯)正月初吉丁亥，長
子䵷臣擇其吉金，
乍(作)其子孟之母賸
匿(簠)。其釁(眉)壽萬年無
棋(期)，子子孫孫永保用之。

二四四　欒書缶　東周·晉

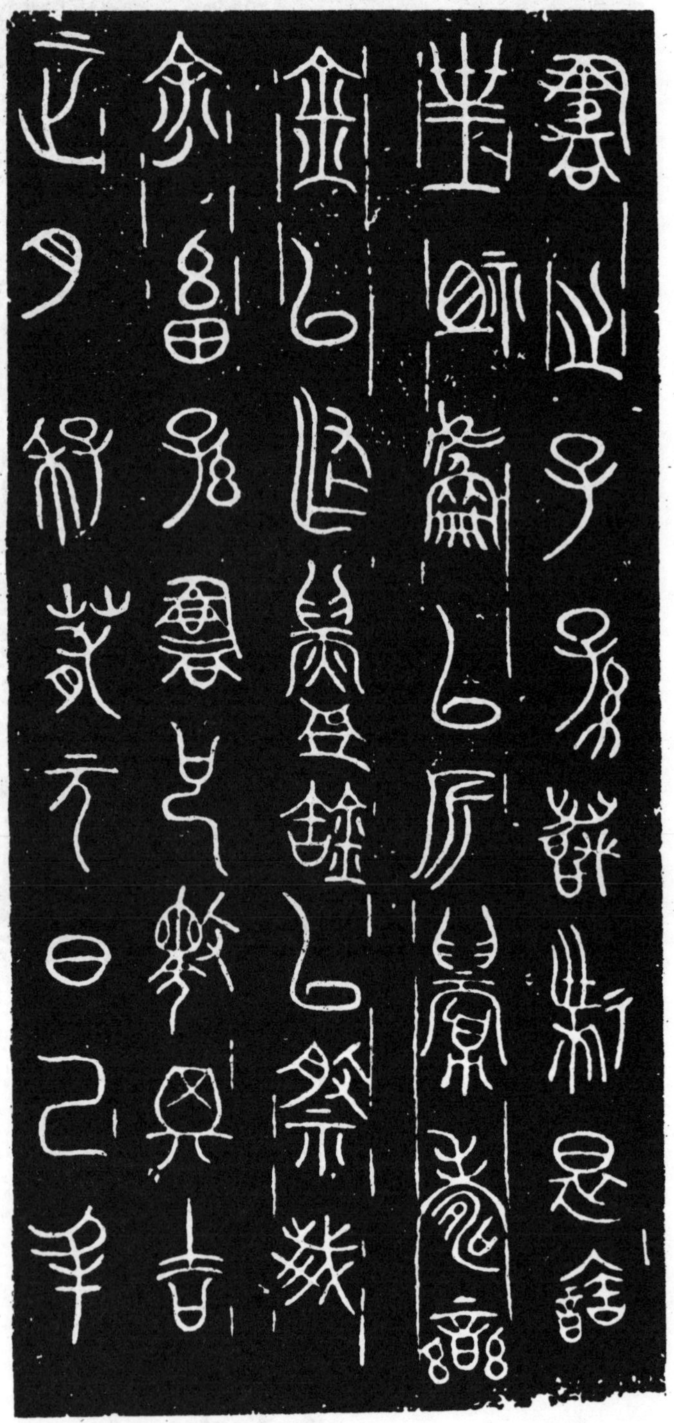

正月季春，元日己丑，
余畜孫書也，斁（擇）其吉
金，以攸（作）鑄鍂。以祭我
皇祖，盧（吾）以所（祈）釁（眉）壽。緐（欒）
書之子孫，萬枼（世）是寚（寶）。

二四五 梁十九年鼎

東周·魏

梁十九年，亡(無)智眔(暨)兼嗇夫庶魔擇吉金鉉(鑄)，財(載)少半。穆穆魯辟徹(徂)省朔旁(方)，躳(信)于兹行，鬲(歷)年萬不(丕)承。

二四六　平安君鼎

東周·衛

廿八年，
坪（平）安
邦斪（治）
客，財（載）
四分齋鼎，
一益（鎰）
十釿半釿
四分釿
之冢（重）。

卅三年，
單父
上官
冢子憙，
所受，
坪（平）安
君者
也。

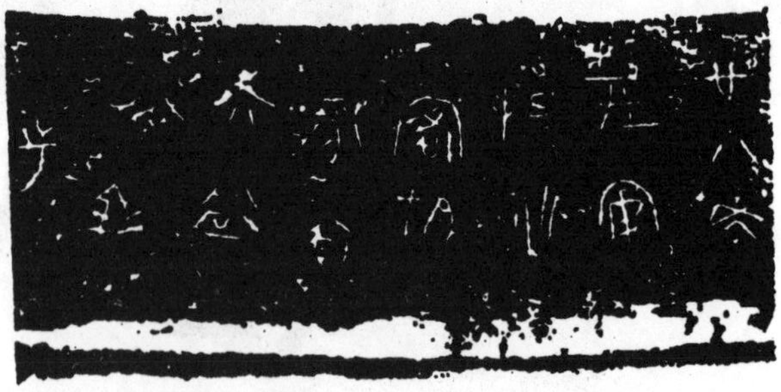

廿八年，
坪（平）安
邦斪（治）
客，財（載）
四分齋鼎，
六益（鎰）
半釿
之冢（重）。

二四七　十一年庫嗇夫鼎

東周趙

十一年，庫嗇夫肖（趙）不𢦏（戠），貯氏大命（令）所爲，空（容）二斗。

二四八 韓氏鼎

東周·韓

倝(韓)氏，厶(私)官。

倝(韓)嫶(嫶)。

二四九 鄭孝子鼎

東周·鄭

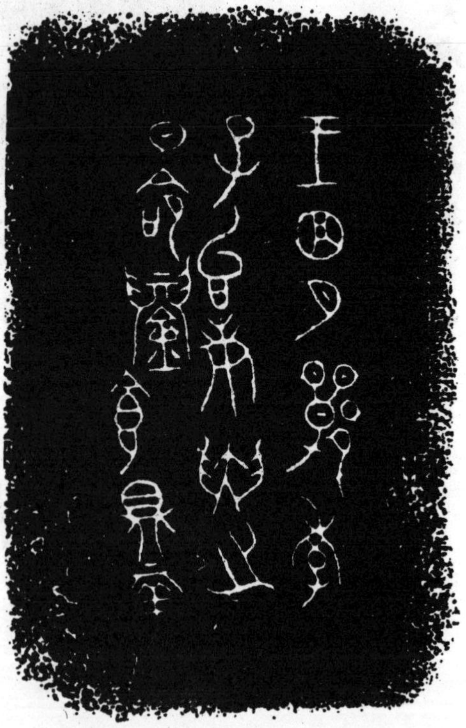

王四月，鄭孝子台(以)庚寅之日，命鑄飤鼎兩。

二五〇 叔上匜 東周·鄭

隹（唯）十又二月初吉
乙巳，奠（鄭）大內史
叔上乍（作）叔嫄朕（媵）
盅（匜）。其萬年無疆，
子子孫孫永寶用之。

二五一　哀成叔鼎

東周·鄭

正月庚午，嘉曰：
余𩠡（鄭）邦之產，少
去母父，乍（作）鑄飤
器黃鑊，君既安
叀（惠），亦弗其盉（黍）蒦（獲）。
嘉是隹（唯）哀成叔，哀成叔之
鼎，永用禋（禋）祀，死于下
土，台（以）事康公，勿或能訇（怠）。

二五二　戴叔朕鼎　東周·戴

隹(唯)八月初吉
庚申，𢦏(戴)叔朕
自乍(作)鋒鼎，其
萬年無疆，子子
孫孫永寶用之。

二五三　戴叔慶父鬲　東周·戴

戴叔慶父乍(作)叔姬隮鬲。

二五四　虞侯政壺　東周·虞

隹（唯）王二月初吉
壬戌，虞侯𢼄（政）
乍（作）寶壺，其邁（萬）
年，子子孫孫永寶用。

二五五 宋公欒簠

東周·宋

有殷天乙唐（湯）孫宋公䜌（欒），乍（作）其妹句敔夫人季子媵匿（簠）。

二五六 商丘叔簠

東周·宋

商丘叔乍（作）其旅匿（簠），其萬年子子孫孫永寶用。

二五七 趫亥鼎

東周·宋

宋⿰爿曾（莊）公之
孫趫亥自
乍（作）會鼎，子子
孫孫永壽
用之。

二五八　樂子襄豧簠　東周·宋

佳（唯）正月初吉丁亥，
樂子襄豧擇
其吉金，自乍（作）飤
匿（簠）。其釁（眉）壽萬
年無諆（期），子子孫孫
永保用之。

二五九　冶妊鼎

東周·蘇

穌（蘇）冶妊乍虢
妃魚母賸，子子
孫孫永寶用。

二六〇　寬兒鼎

隹（唯）正八月初吉
壬申，蘇公之孫
寬兒，擇其吉金，
自乍（作）飤𩰫（緐），釁（眉）壽
無其（期），永保用之。

二六一　芮大子簋

東周·芮

内（芮）大子白（伯）乍（作）
匿（簋），其邁（萬）年
子子孫孫永用。

二六二　芮公壺

東周·芮

内（芮）公乍（作）鑄壄（旅）
壺，永寶用。

二六三 鄁嫛簋

東周·鄁

王子剌(烈)公之宗婦鄁(鄁)嫛，為宗彝𩰫彝，永寶用，以降大福，保辪(乂)鄁(鄁)國。

二六四 毛叔盤

東周·毛

毛叔朕(媵)彪氏孟姬寶般(盤)，其萬年釁(眉)壽無疆，子子孫孫永保用。

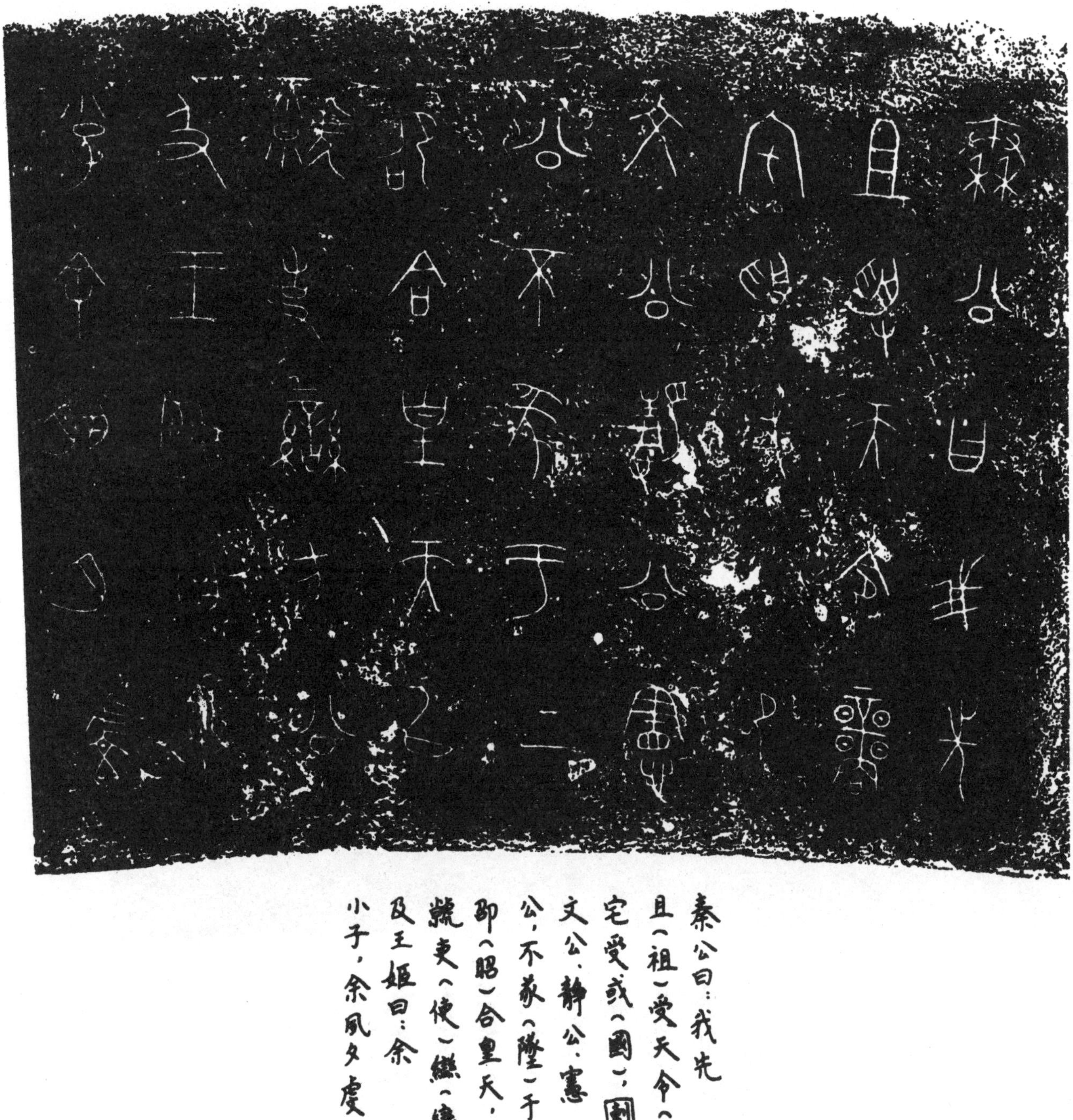

二六五 秦公鎛

東周・秦

秦公曰：我先
且（祖）受天命（命）商（賞）
宅受或（國），剌（烈）剌（烈）卲（昭）
文公、静公、憲
公，不彖（墜）于上，
卲（昭）合皇天，以
虩吏（使）䜌（蠻）方。公
及王姬曰：余
小子，余夙夕虔

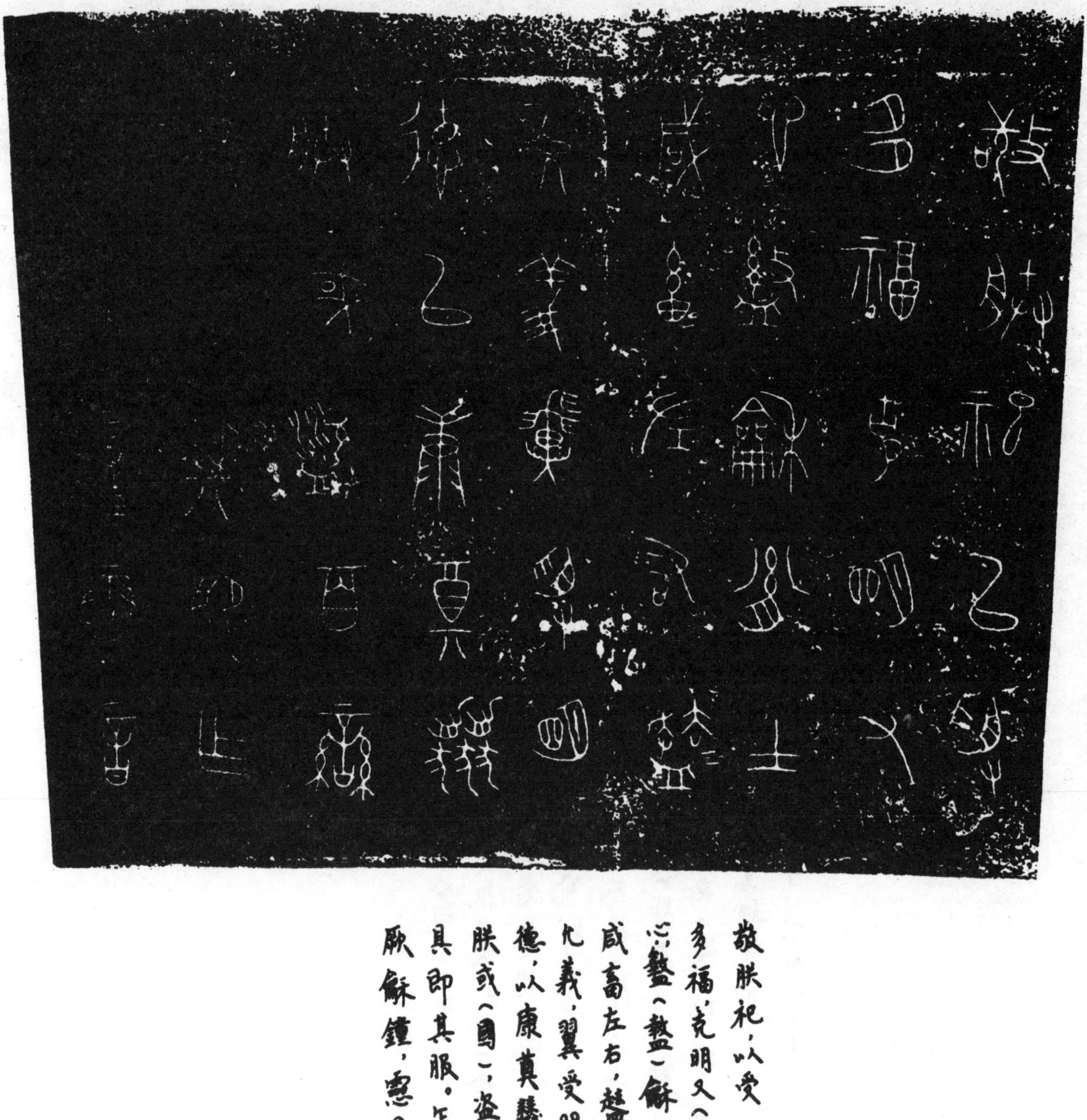

敔朕祀，以受
多福，克明又（有）
心盭（盭）龢胤士，
咸畜左右，盭盭
允義，翼受明
德，以康奠𢧈（協）
朕或（國），盜（羕）百緐（蠻）
具即其服。乍（作）
厥龢鐘，霝（靈）音

鍴雝鍴雝，以匽（晏）皇
公，以受大福，
屯（純）魯多釐，大
壽萬年。秦公
⿰其凡（其）畯⿰緐令（紷）才（在）立（位），
雁（膺）受大命，釁（眉）
壽無疆，匍（敷）有
四方，⿰其凡（其）康寶。

二六六 秦公簋

東周·秦

秦公曰：不（丕）顯
朕皇且（祖）受天
命，鼏宅禹賡（蹟），
十又二公，才（在）
帝之坏（坯），嚴龏（恭）
夤天命，保業
厥秦，虩吏（使）䜌（蠻）
夏，余雖小子，穆穆
帥秉明德，剌（烈）剌（烈）
趄趄，邁（萬）民是敕。

㦰畜胤士，盭盭文武，鈂（鎮）静不廷，虔敬朕祀。乍（作）尋宗彝，以卲（昭）皇且（祖），㫷（其）嚴𢓜各，以受屯（純）魯多釐，𥃝（眉）壽無疆，畯疐才（在）天，高引又（有）慶，竈（奄）有四方宜。

图书在版编目（CIP）数据

商周金文选 / 曹锦炎编. -- 杭州 : 西泠印社出版社, 2011.10
ISBN 978-7-5508-0253-7(2025.2重印)

Ⅰ. ①商… Ⅱ. ①曹… Ⅲ. ①金文－汇编－中国－商周时代 Ⅳ. ①K877.33

中国版本图书馆CIP数据核字(2011)第196696号

商周金文选

曹锦炎 编

责任编辑 林鹏程
责任出版 李 兵
装帧设计 王 欣
出版发行 西泠印社出版社
地 址 杭州市西湖文化广场32号E区5楼
邮 编 310014
电 话 0571—87243079
经 销 全国新华书店
印 刷 浙江省邮电印刷股份有限公司
制 版 杭州如一图文制作有限公司
开 本 889mm×1194mm 1/16
印 张 15.25
印 数 31501-33500
书 号 ISBN 978-7-5508-0253-7
版 次 2011年10月第2版 2025年2月第14次印刷
定 价 42.00 元